自己意識の哲学

——私が私であることとは——

嶺岸佑亮［著］

ミネルヴァ書房

はじめに

哲学するとは、ものごとの真理を探究する営みである。だがものごとの真理を問おうとするならば、そのことと同時に、問いを立てる当の自分自身とは何者であるか、ということが問われてくる。ひとはこのようにして、哲学することによって同時に、自分自身とはそもそも何者であるか、ということを改めて見つめ直し、自ら問うように促される。こうしたことはある意味では、究極の事態を言い表しているといえる。善と悪を内奥においてとらえる良心や、生の根底を問い抜こうとする信仰などはその最たるものである。

けれども、自分自身とは何者かということが問われるのは、何もそのような極限においてだけではない。そうではなくて、最もささやかで最も目立たないような、いわば当たり前の日常の中でも、ふとした瞬間にこうしたことが問われることもあり得る。長かった夏もようやく過ぎ去り、久しぶりに散歩に出掛けるとき、夕暮れを眺めているうちに夏の間のさまざまな思い出が交錯するとともに、これから訪れる季節にしなければいけないさまざまなことが頭の中をよぎることがある。

こうしたふとした瞬間に問われるのは、ただ単にその個人の感情や内面といったものであるだけにとどまらない。のみならず、家族や友人や恋人など、そのひとを取り巻くさまざまな相手との関係や出来事、そのひとが生涯のそれぞれの時期に果たさなければならない仕事や課題、毎日のように眺め飽きてもはやほとんど注意もしない殺風景な街並み、またそうした街並みとは対照的に、広々とした公園や野原に広がる自然の風景の言いようのない美しさ、こうした一切が重なり合っているのである。それぞれの個人はこのように、具体的な文脈の中に置かれており、こうした文脈の中で自らの生を生きるのである。

〈自己意識〉というのはこのようにみるならば、いわば個人を単にそれだけ単独で取り出して問題にするだけでは不十分であることが分かる。〈自己意識〉というのは、それぞれの個人の置かれている家族や社会、文化や道徳、さらには宗教などの領域をも含み込むかたちでとらえる必要がある。本書は、このようにきわめて多様な領域のうちにある〈自己意識〉をそれぞれの領域から光を当てることを試みたものである。それぞれの領域をたどることによって、哲学という営みが実は現実の世界に対して開かれており、なおかつ、現実の世界のうちにものごとの真理の探究としての哲学への通路が通じていることを示したい。

自己意識の哲学——私が私であることとは　目次

目　次

略語一覧

本書は専門的な学術書ではなくて一般向けのものではあるが、各哲学者のテクストから引用した出典のうち、略語で示したものをここに挙げておく。本文では、以下の略語と巻数に加えて、頁数も併せて表記した。

・エックハルト

DW：Meister Eckhart, *Die deutschen und lateinischen* Werke, hg. im Auftrag der Deutschen Forschungsgemeinschaft, Abt.I: *Die deutschen Werke*, hg. von J. Quint, Stuttgart 1936ff.

DW5：『教導講話（*Die rede der underscheidunge*）』

・カント

AA：*Kant's gesammelte Schriften*, hg. von der Königlich Preußischen Akademie der Wissenschaften, Berlin: Reimer,（später:）von der Deutschen Akademie der Wissenschaften zu Berlin, Berlin und

Leipzig (später Berlin): de Gruyter.

AA4：『道徳形而上学の基礎付け（*Grundlegung zur Metaphysik der Sitten*）』

AA5：『実践理性批判（*Kritik der praktischen Vernunft*）』

A/B：『純粋理性批判（*Kritik der reinen Vernunft*）』

・デカルト

AT： *Oeuvres de Descartes*. hg von Charles Adam und Paul Tannery, Paris 1897-1913.

AT VII：『省察（*Meditatione de prima philosophia*）』

・フィヒテ

GA： J.G. Fichte, *Gesamtausgabe* der Bayerischen Akademie der Wissenschaften, hg. von Reinhard Lauth und Hans Jacob, Stuttgart-Bad Cannstatt, Frommann-Holzboog 1962ff.

GA 1.2：『全知識学の基礎（*Grundlage der gesamten Wissenschaftslehre*）』

GA 1.4：『知識学の新たな叙述の試み（*Versuch einer neuen Darstellung der Wissenschaftslehre*）』

GA 1.6：『人間の使命（*Bestimmung des Menschen*）』

・ヘーゲル

GW：G.W.F. Hegel, *Gesammelte Werke*, in Verbindung mit der Deutschen Forschungsgemeinschaft, hg. von der Rheinisch-Westfälischen Akademie der Wissenschaften, Hamburg 1968ff.

GW7：『体系構想Ⅱ（*Jenaer Systementwürfe II*）』

GW8：『体系構想Ⅲ（*Jenaer Syste mentwürfe III*）』

GW9：『精神現象学（*Phänomenologie des Geistes*）』

GW12：『大論理学（*Wissenschaft der Logik*）』

GW14：『法哲学要綱（*Grundlinien der Philosophie des Rechts*）』

GW20：『エンチクロペディー（*Enzyklopädie der philosophischen Wissenschaften im Grundlrisse*）』第三版

• アウグスティヌスからの引用については、*Corpus Christianorum* の Series Latina 50A を用いた。

『三位一体（*De trinitate*）』

• アリストテレスからの引用については、I・ベッカーの編纂したベルリン・アカデミー版全集の頁数を標した。

『形而上学（ΤΑ ΜΕΤΑ ΤΑ ΦΥΣΙΚΑ）』

『ニコマコス倫理学（ΗΘΙΚΑ ΝΙΚΜΑΧΕΙΑ）』

・スピノザからの引用については、ゲープハルト版（ハイデルベルク・アカデミー版）を用いた。
『エチカ（*Ethica ordnine geometrico demonstrata*）』

・プロティノスからの引用については、Ｐ・アンリとＲ・シュヴァイツァーの校訂による『プロティノス著作集（*Plotini opera*）』の小版（editio minor）を用いた。

序　章　〈自己意識〉とは何か、またそれはどのように成り立つのか

何よりも身近なものとしての〈自己意識〉とは

自己意識、私たちは日常何気なくこのことを口にする。別に哲学というような、厳密に物事を考える営みにおいてでなくとも、自己意識というのは私たちにとって自明のもの、当たり前のものであるように思われる。自己意識についてのこうした理解は至極当然であるともいえる。なぜなら、私たちが日々の生活を送る中で、その都度自分が何をしているのか、たとえば大学やアルバイト先や友達の家に向かっていることや、料理を作ったり趣味のテニスやジョギングをしたり、音楽を聴いたり小説を読んだり、友人や恋人と会って話をしたり、直接会わなくとも電話やオンライン回線で話したりする場合、たとえどのようなことをしているとしても、いずれの場合でも自分がいま何をしているのか、ということを私たちは自分で知っているからである。

〈自分がいま何をしているのか、ということを自分で分かっている〉という、このことこそ、〈意識〉という言葉のもとに言い表される事柄である。〈意識〉という言葉は、英語では consciousness となっている。この言葉はもともと、古代ローマで用いられていたラテン語に遡る。ラテン語ではほ

とんど同じ綴り方で、conscientia（コンスキエンティア）と表される。この言葉のもともとの意味は、con（はっきりと、たしかに）＋scientia（知っている、理解している）というように、「はっきりと知っている」というものである。すでにこの言葉のうちに、私たち人間は生きている限り、何をするにしても、いま自分がしていることをはっきりと理解している、ということが含意されている。

たしかに普段の生活の場面では、〈つい〉とか〈うっかり〉とか〈何気なく〉ということがたびたび見受けられる。友達とのおしゃべりに夢中になるうちに電車やバスを乗り過ごしてしまったり、自動販売機やエレベーターのボタンを押し間違えてしまったりすることなどはとかくつきものである。けれどもそこからかえって、こういったことをひっくるめてみると、意識ということがどれほど私たちの普段の生活の中に深く根をおろしているか、ということが逆照射的に浮き彫りにされる。いま挙げた例はすべて、〈無意識のうちに〉というように表現されることがある。この表現を裏返せば、私たちは通常どのようなことをするにしても、それを意識して行っているのだ、ということなのである。

人間が生きることや行為することに離れ難く伴う〈意識〉について

けれども、私たち人間はただ単に何かを意識する、というだけではない。自分が今していること、たとえばどこかに向かって歩いているということや、本を読んでいるということや、テニスをしているということ、誰かと話をしているということ、こういった自分が行っていることの内容や、何かを行っているという行為そのものを意識するだけではない。さらには、自分が今歩いており、自分が今読んでおり、自分が今テニスをしており、自分が誰かと話をしている、ということをも意識する。つまり私たちは、〈今何かを行っている自分〉を意識しているのである。このような意味での意識こそ、自己意識と呼ばれるものである。

注意すべきことに、自己意識は上に挙げたような、さまざまなかたちでの意識とは異なっており、しかも際立った性格のものである。〈自分が自分を意識する〉といっても、たとえば今歩いて途中に目に映る風景や、今読んでいる本や、今プレイしているテニスのように、意識の内容として現れるわけではない。あるいはまた、今歩いているということや、今読んでいるということや、今テニスをしているということのように、意識の対象としての行為、すなわち自分が行っているまさにそのはたらきとして現れるわけでもない。〈自分が自分を意識する〉という場合の〈自分〉は、このいずれにも当てはまらない。にもかかわらず、たとえ自分がどのようなことをしようとも、その内容や活動の種類・性質の如何にかかわらず、そのいずれにおいても私たちは自分自身のことを意識している。これは一体どういうことなのだろうか。

私たち人間は生き物である。この点は他の動物とは変わらない。古代ギリシアの哲学者アリストテレス（Ἀριστοτέλης、前三八四～前三二二）は、「人間は理性的動物である」というように人間を定義している。この「理性的動物（ζῷον λόγον ἔχον、ゾーオン・ロゴン・エコン）」という定義は、人間は一方では「理性（古代ギリシア語では λόγος、ロゴス）」をその根本特徴とする一方で、他の生き物と同様に、生命活動を営むものであることを示している。人間は生命あるものであって、死せるもの、静止したものなのではない。そうではなくて、生き生きとしており活動的なものである、というわけである。人間は生きている限り活動的であり続けるのであって、そうである以上、〈行為する〉ということがつねに付いて離れない。

注目すべきことに、人間が行う行為は、他の生き物が行う活動とは区別される。なぜなら他の生き物は何を行うにしても、本能によって行うのに対し、人間は自分が行うことを自分で考え、自分で決定して行うからである。言い換えると、人間の行為には〈思考〉と〈意志〉という二つの要素がその根本にあるわけである。アリストテレスが人間を「理性的動物」と定義する場合、まさにこうしたことを念頭に置いているといえる。

自分が自分を意識するということ

けれども、〈自己意識〉ということが一体何であるかを明らかにするには、こうしたことだけではまだ不十分である。たとえ人間が生きている限り行う行為が、物事を考える思考のはたらきに基づいており、何を行おうとするのか、あるいは何をしたいのかを吟味し、熟慮した末に何を行うのかを決定し、選択した事柄を実際に行うというようにして、その生活が思考と意志によって貫かれているとしてもやはりそうである。人間的生に特有な行為（πρᾶξις、プラクシス）のこうしたあり方については、すでにアリストテレスが『ニコマコス倫理学（ΗΘΙΚΑ ΝΙΚΟΜΑΧΕΙΑ）』の中で詳細に論じているところである。だが古代ギリシア人は、〈意識〉ということも〈自己意識〉ということも知らなかった。

このことは非常に奇妙に聞こえるかもしれない。英語の consciousness のもとになるラテン語をさらに遡るならば、古代ギリシア語には συναίσθησις（シュナイステーシス、「一つにまとまった仕方で感じ取ること」の意）という言葉があるとしてもやはりそうである。

それだけでなく、自己意識が成り立つには〈自分が自分に向き合う〉ということが必要である。私たち人間は、目の前にあるものや身の回りを取り巻くものに向き合い、対峙するだけでなく、自分自身に向き合うというあり方をするのでもある。別の言い方をすると、人間には自らの外側の世界が存在するだけでなく、自らの内なる世界が存在するのでもある。

こうした内面の発見こそ、近代という時代を古代ギリシアや古代ローマ、さらには中世から分かつのである。人間は現実の世界のうちに自らの脚でしっかりと立ち、活動するというようにして生きるのだとしても、それと同時に、他ならぬこの〈私〉として存在し続けている。他のいかなるものでもないこの〈私〉としてのあり方は、私が生きている限り決して失われることのないものであり、また決して奪い去られてはならないものである。

近代の根本特徴としての自由、およびその由来

ここで話を古代ギリシアから転じて、近代に目を向けてみよう。自己意識の問題は、近代哲学のはじまりから重要なものであり続けてきた。いや、むしろこの問題こそ近代哲学の出発点をなす、というのが適切である。〈思考する自我〉の思想に立脚するルネ・デカルト（René Descartes、一五九六〜一

六五〇）の哲学はまさにそのような出発点である。だが自己意識の問題を徹底的に掘り下げ、その極限にまで肉薄し、浮き彫りにしようと試みたのは、十八世紀後半から十九世紀前半にかけてのドイツ哲学の一連の思想家である。本書では、彼らの思索を手掛かりにすることで、自己意識についてさまざまな角度・領域から考察することにしよう。

近代ドイツの哲学者であるゲオルク・ヴィルヘルム・フリードリヒ・ヘーゲル（Georg Wilhelm Friedrich Hegel、一七七〇～一八三一）は、近代という時代の根本特徴を自由のうちに見届けている。ヘーゲルによれば、どの人間も〈私〉としてのあり方を常に保ち続けるとともに、その活動性は自発的であり、自分自身の意志や決断に基づいてなされる。

このような理解は、同じくドイツの哲学者であり、より先の世代に属するイマヌエル・カント（Immanuel Kant、一七二四～一八〇四）による自律的理性の思想を踏まえたものである。カントによれば、理性的存在者である人間は、自分が何をなすべきであり、何をなすべきでないのかということを気まぐれや傾向のままにゆだねるのではなく、自ら吟味し、理性的である限りでの誰にでも当てはまるような普遍的な仕方で定め、行おうと意欲しなければならない。自律（die Autonomie：アウトノミー、「自分で自分に対して掟・法則を与える」ほどの意味）というのは、自分で自分に対して行動の規範としての道徳的法則を定め、その法則にしたがって生きる、ということを意味する。カントのこうした理解は、彼個人に特別なものではなく、同時代の社会や文化の一般的理解を哲学的思想として結晶化したものである。だからこそ、『道徳形而上学の基礎付け（*Grundlegung zur Metaphysik der Sitten*）』

（一七八五）および『実践理性批判（*Kritik der praktischen Vernunft*）』（一七八八）という道徳哲学に関するカントの著作は、哲学のみならず芸術を含むさまざまな方面で同時代に多大な影響を及ぼしたのであった。

このようにカントとヘーゲルはともに、自由を自らの哲学の中心的主題として掲げている。自由ということがそのものとして哲学の中心的主題となるということは、それまで無かったことである。もちろん古代ギリシアでもローマでも、中世でも自由という言葉も事柄自体も知られていたし、追い求められてきた。けれども彼らに言わせれば、人間であるならば誰でも、生まれながらにして自由であるということは、近代に至るまでみられなかったことであるというのである。自由ということは今ではきわめて当たり前の事柄であるとみなされてきた。だがこのきわめて当たり前のことがまさに当たり前のこととして成り立つには、複雑多岐にわたる歴史的展開を辿る必要があった。

注目すべきことに、ヘーゲルはそうした展開の転換点を近代の初期にではなく、すでにキリスト教のうちに見届けている。彼が大学での講義の手引のために執筆した『エンチクロペディー（*Enzyklopädie der philosophischen Wissenschaften im Grundrisse*）』の第三版（一八三〇）の中では、次のような有名な言葉が語られている。

「ギリシア人やローマ人、プラトンやアリストテレス、それにまたストア主義者たちは自由をもつことはなかった。彼らは反対に、人間は生まれによって（アテナイ人やスパルタ人等々や市民として）、もしくはその性格の強靭さや教養形成によって、また哲学によって（賢者は奴隷の身として存在しようとも、鎖につながれていても自由であるというように）自由である、ということを知っていたに過ぎない。

〔自由という〕こうした理念は、キリスト教を通じて世界へと登場したのである。キリスト教によれば、個人はそのものとして無限な価値をもつのであって、そのことは、個人が神の愛の対象や目的であることによる。個人はそのことにより、精神としての神に対して絶対的な関わりを持ち、このような精神を自らのうちに住まうかたちでもつように定められているのであって、すなわち人間は自体的に、最高の自由へと定められているのである」（GW20, 477）。

ここに挙げたヘーゲルの言葉からは、次の興味深い理解が明らかとなる。第一にヘーゲルによれば、人間にとって最高のものとは、自由である。第二に、人間は自由であることによって、個人として、言い換えると、他のいかなるものでもない〈私〉として無限の価値をもつ。第三に、人間のこうした最高のあり方は、より高次のものとしての神、ヘーゲルの言葉遣いでいえば、「精神としての神」に対する関わりを通じてこそはじめて獲得され、確保されることが可能となる。

ここに挙げたうち、三つ目の点は一見すると奇異に思われるかもしれない。そもそも近代という時代は、キリスト教信仰に色濃く刻印された中世という時代に決別を告げることによって、かつそうすることで人間が自分自身に立脚して自らの理性をはたらかせ、自らを取り巻く世界に目を向けることで成り立ったのではないか、という疑問が提起されるかもしれない。

けれども、他ならぬ近代哲学および近代科学の基礎を築いたデカルト自身、神の思想と無縁であるのではなく、かえって反対に、自らの思想の根本に神に思想を据えていることを忘れてはならない。「我思うゆえに我あり」という言葉はそのままデカルトの言葉であるわけではないが、広く知られたものである。ところがデカルト本人は、その主著である『省察（*Meditiondes de prima philosophia*）』（一六四二）の第三省察の中で、あらゆる明晰判明な観念の根拠として神の思想を据えているのである。ここにデカルト自身の言葉を挙げてみよう。

「すなわち私はいかなる理由によって、私が疑っており、私が欲していることを、すなわち何かが私に欠けていることを、また私が決して完全ではないことを理解するだろうか、もしもより完全な存在者の観念（idea entis perfectioris）が私のうちに決して存在するのでなければ、私はこうしたものとの比較によって私のさまざまな欠陥を認めるのだが」（AT VII, 45f.）。

「というのも反対に、〔神の観念は〕最も明晰で判明（maxime clara & distincta）であり、また他のいかなる観念よりも表象的実在性を含んでいるのだから、それ自身によってより一層真であるようないかなる観念も存在せず、虚偽の疑惑がその中により少なく見出されるようないかなる観念も存在しない。私は言うが、最高に完全であるとともに無限な存在者（ens summe perfectum & infinitum）

という、こうした観念は最高度に真なる観念である」（AT VII, 46）。

ここに明確に示されているように、デカルトによれば、人間は決して最高の存在者であるのではない。むしろ有限で不完全な人間のあり方を補うものとしての、無限で完全な存在者が想定されるべきであるというのである。完全な存在者という思想は、キリスト教神学において神を特徴付ける主要なものの一つであった。こうしたところからも、時代と時代が単純に切れ目で分断されているのではなく、脈打ちながら連続していることが理解されよう。

そもそも「良心」という意味の英語の conscience は、「意識」を意味する consciousness と同じく、ラテン語の conscientia（コンスキエンティア）という言葉に由来する。すなわちそれによれば、私はただ単に自分がいま何をしているかをはっきりと知っているだけでなく、何をしてよいのか、また何をしてはいけないのかをはっきりと知っているのでもある、というわけである。このことを言い換えるならば、私は善と悪の観念をはっきりと知っているのでもある、ということである。古代ローマの末期から中世に至るまでのキリスト教神学では、良心の問題は神との関係における個人の心のあり方の問題としてとらえられていた。他ならぬこの問題が近代に至って、自らに立脚する理性的な存在者としての個人の問題として改めてとらえ返されることになる。

〈私〉が〈私〉であるということは普遍的である――自己意識を取り巻くもの

以上のようにみるならば、〈自己意識〉が一体どのようなものであるかを理解しようとすると、きわめて多様な層や領域のうちへと分け入る必要があることに気付かされる。そもそも〈私〉が〈私〉であるということは、自分ひとりだけで成り立つことではない。そのことは、各自が自分のこれまで辿って来た歩みや、その中で出会った多くの人間、家族や友人、恋人、部活やサークルの先輩・後輩などを思い浮かべるだけでも納得がいくだろう。その誰もが同じように〈私〉なのである。〈私〉としてのあり方、それは他のいかなるものでもない自分自身のものでもあるとともに、およそ人間である限りの誰にでも備わっているものなのである。このことを哲学的な表現で言い換えると、個別的なものは同時に普遍的なものである、ということである。

ヘーゲルはまさにこうしたことを自己意識について語っている。彼の主著の一つである『精神現象学（*Phänomenologie des Geistes*）』（一八〇七）やその直前の時期の講義草稿では、「承認（die Anerkennung）」が人間の社会的生活の基礎をなすものとして述べられている。それによれば、〈私〉が社会や共同体の一員として存在するのは、他から切り離されて孤立したあり方においてではなく、互いに相手のことを同じ社会に属すると認め、互いのために活動することのうちに成り立つ。〈私〉は相手を社会的存在として認めるとともに、当の〈私〉自身、相手から社会的存在として認められることによってこそ、はじめて本当の意味で社会や共同体の一員たり得る、というわけである。ここでヘーゲルの『法哲学要綱（*Grundlinien der Philosophie des Rechts*）』（一八二一）の第一八七節を引いてみよう。そこでは、個人が市民として共同体に属し、その一員である場合のあり方について次のように述べられている。

「諸個人はこの特定の国家の市民としてみた場合、私的人格（Privatpersonen）である。これらの私的人格はそれぞれに固有な関心・利益をその目的としている。こうした目的は普遍的なもの（das Allgemeine）によって媒介されており、普遍的なものはそのことによって、手段であるとして諸個人にとって現れているのだから、こうした目的が諸個人によって達成されるのはひとえに、諸個人自身が自らの知や意欲や行為のはたらきを普遍的な仕方で規定し、自分自身をこうした連関の連なりの一員（ein Glied der Kette dieses Zusammenhanges）となることによる」（GW14, 1, 162）。

ひとはそれぞれ自分の生活のために生きている。生活する中で差し迫るさまざまな欲求や必要を満たすためには、何らかの「手段」を必要とする。だがそれぞれの個人がこうした「手段」を用いて自らの目的を達成するプロセスのうちには、普遍性の側面も同時に認められるというのである。自分が何を行うのか、何を目指すのか、どのような仕方や手順で行うのか、こうしたことの一切は、同じ共同体に属する誰もが認めるであろうような仕方でなされる必要がある、というわけである。

このようにして個人はそれぞれの生活を送る中で常に社会的である。こうした場合に「社会的」というのは、漠然とした広がりのことを指すのではなく、非常に身近な場面のことを指している。そのことは子どもたちの友人どうしとの交流や恋人どうしの関係にもすでに当てはまる。ヘーゲルは家族が社会、ひいては国家の基本単位をかたちづくると述べる。家族の基礎にあるのは愛である。ひとは愛によって互いのうちに互いを見出す。こうしたこともすでに「承認」の一形態だといえよう。

以下の各章の論述では、このようにきわめてさまざまな側面や広がりをもつ〈自己意識〉について、その諸相を一つ一つ取り上げて考察してみよう。そうすることで、「自由」によって特徴付けられる近代という時代がどのようなものであるか、またどのようなものによって成り立つのか、ということについてある程度見通しが得られるだろう。

第一部　〈私が私を意識する〉とはどういうことか——私は他のいかなるものでもないこの私である

第1章　意識の目覚め

1　身の回りに対する関係と身の回りからの独立

意識するということ――自分が今していることに注意を向けること

私は私である。このことは改めていうまでもなく、当たり前のことである。けれども、他でもないこの当たり前のことは、実はそれほど自明なことなのではない。〈私は私である〉、ひとは普段このことをことさら気に留めることはない。気に留めようが留めまいが、私が私であることに変わりはない。そのことは私が生まれてから死ぬまでの間、その生涯にわたってそうだといえる。だが私が生きることの〈生〉は、他のさまざまな生き物が生きる〈生〉とは大きく異なっている。それは一体なぜだろうか。それは、私が人間である限り、何かを意識するというようにして存在するからである。

「人間は理性的動物である」という、古代ギリシアにおける人間の定義についてはすでにみたところである。この定義によれば、人間は他の生き物とは異なり、物事を筋道立てて考えるとともに、自らが何を行うのかを吟味・選択し、その選択に基づいて決定することで行為する。人間のこうした

「理性的」なあり方の基礎にあるものこそ、意識のはたらきである。いま自分が何をしているのか、いま自分が何に向き合っているのか、こうしたことに注意を向け、他のことに注意をそらすことなく立ち止まってとどまることによってこそ、何かを考えることも、何かを行うこともはじめて可能となる。

たとえば外国語を学ぶ場合、はじめのうちは文字の綴り方や発音の規則に一つ一つ注意を払わなければ、正しく文字を書くことも発音することも出来ず、ましてや一定のまとまった文章を作ったり話をしたりすることなど出来ないだろう。音楽の演奏やスポーツの場合でも同じで、たとえばピアノの曲をはじめて学ぶ場合、いきなり曲全体を通してさらうのではなく、まずはその一部分を、それも右手のパートと左手のパートを別々に弾いてみたり、演奏の難しい箇所だけを取り出してみたり、といった具合であろう。テニスの場合でも、まずはラケットの握り方にはじまり、素振りでフォームを習得し、それからフォアやバック、サーブなどそれぞれの場合でボールを使って実際に打つなどしてから、ようやく実際の試合と同じ形式で練習するところまでいく、といった具合である。

さらには大学での生活についても、自分が今何をしているのか、あるいは自分がこれから何をしたいのか、ということに注意を向けなければ、いまあるような状態になることはなかっただろう。大学で何を学びたいのか、たとえば地域の経済や交通や祭りの歴史であるとか、スポーツ科学、企業経営に関連する種々の法律、地元の特産品を生かした食品の開発、こういった専門分野の選択についても、自分が何をするのか、もしくはしたいのかということに注意を向け、目標を見定めるのでなければ、いま在籍している学部や学科にはいないだろう。さらには、そういった専門の学習・研究はただ単にそれ自体として学ばれるだけでなく、大学を卒業してから、実際に博物館や資料館で学芸員として地域の歴史を研究したり、体育教師としてスポーツの指導にあたったり、ベンチャー企業を立ち上げたり、食品会社で開発に携わったりというように、将来なりたいと目指す職業を目標にするからこそ、学ばれるのではないだろうか。もちろん今挙げた例のいずれについても、目的や目標がすでにはっきり決まっている場合もあれば、何となくといったようにまだはっきりしていない場合もあり得る。それでも、現に在籍している学部や学科には選択した上でいることに変わりはない。いずれにしても、自分が今何をしているのかということに注意を向けることがなければ、そもそも現在まさにそうであるような生活をしていないだろう。

自分自身へと向き直ること——一切の行為の基礎としての〈私は私である〉

私は人間である限り、何かを意識するようにして存在する、ということを述べた。この「何か」というのはさしあたり、私自身であることはない。言い換えると、私が私を意識するということは、さしあたっては起こらない。私は自分とは別の何かを意識している。たとえ私は私であり、そのことは私が生きている限りそうであり続けるとしても、私はさしあたり私自身のことを意識していない。むしろ私は自分の目の前にあるもの、自分の前にあって向き合うもの、自分の外側にあるものへと注意を向けている。

けれども注意すべきことに、こうしたことは欠陥や欠点を意味するのではない。むしろ、私が私を意識するということ、言い換えると自己意識は、私を取り巻くものとの関わりからはじめて私にとって生じるのである。もっといえば、私は自分を取り巻くさまざまなものへと注意を向けることを通じてはじめて、自分自身に注意を向けることが出来るようになるのである。私は生きている限り、さまざまなものに取り巻かれている。それらは私が生きていく上で欠かせないものである。けれども、私が本当の意味で〈私である〉ためには、それらの取り巻くものから注意を向け直して、自分自身へと振り返る必要がある。

近代ドイツの哲学者であるヨハン・ゴットリープ・フィヒテ（Johann Gottlob Fichte、一七六二～一八一四）は、哲学の歴史の中ではじめて〈自我 das Ich〉を哲学の原理として掲げた人物である。私というものが哲学の主題のひとつとされることはたしかにそれ以前にもみられた。だが、ものごとの真理を追究する営みである哲学の根本原理そのものが〈自我〉のうちにあるという主張は、全くもって彼独自のものである。フィヒテが書いた著作の中に、『知識学の新たな叙述の試み（*Versuch einer neuen Darstellung der Wissenschaftslehre*）』（一七九七～九八）というものがある。そこでは、自らの哲学の原理として掲げる〈自我〉に基づいて成立する独自の哲学について、同時代の一般読者や哲学者に対してその概要が説かれている。その中に収録され、一般向けに書かれた「第一序論（*Einleitung*）」のはじめの箇所には次のような言葉がある。

「あなた自身に注意を向けなさい。あなたの眼差しをあなたを取り巻く一切のものから転じて、あなたの内側へと向けなさい。このことこそ、哲学がその生徒に対して行う最初の要求である。あなたの外側に存在するものが問題となっているのでは決してなく、むしろ問題となっているのはひとえにあなた自身なのである」（GA I, 4, 186）。

ここに挙げた文章からすれば、〈私は私である〉ということは、自ずとそうなっているのでは決してなく、私が自分自身に注意を向けることによってはじめてそのようになるということが分かる。私の注意は普段、自分自身とは別のものに向けられている。たとえば外国語や数学を学んでいたり、ピアノやギターを演奏していたり、テニスやサッカーをしていたりといった具合に、私はきわめて多岐にわたることを行っている。

けれども、そもそも私がそういった活動を行うことが出来るためには、私は他のいかなるものでもない〈私〉として存在するのでなければならない。私が自分自身へと注意を転じ、自分自身に向き合うこと、このことは一切の行為の基礎にあるような行為であり、一切の行為の根本となる行為である。フィヒテはまさにこのように、〈私は私である〉ということを単なる状態や性質としてではなく、行為や活動性として、それも一切の行為の基礎に置かれるものとして理解する。『知識学の新たな叙述の試み』には、専門の哲学者たちに向けて書かれた「第二序論（*Zweite Einleitung in die Wissenschaftslehre. Für Leser, die schon ein philosophisches System haben*）」が収められているが、そこでは〈私は私である〉

ということが行為として理解されるべきことが次のように明確に述べられている。

「私は私に対して存在する（Ich bin für mich）。このことは事実である。私は行為することによってのみ、私にとって生じることが出来たのであったが、それはなぜかというと、私は自由であるからなのである。そして〔私は〕この特定の行為によってのみ〔私にとって生じることが出来たのであった〕。というのも、私はこのように行為することによって、どの瞬間においても私にとって生じるからであり、なおかつ、それ以外のどのようなものによっても、全く別の何かが私にとって生じるからである」（GA I, 4, 214）。

この文章からは次のようにいくつかのことを取り出すことが出来る。まず、〈私が私である〉というのは何よりもまず、他ならぬ私自身にとってそうなのであり、他のいかなるものにとってそうであるのでもない、ということがそれである。私の〈私〉としてのあり方は、当の自分自身にとって存在することによってこそ、言い換えると、私が私自身に向き合うことによってこそ、本当の意味で成り立つのである。さらにまた、私はその本質からして自由である、ということがそれである。私が自分自身として存在することは、他のいかなるものによっても強制されることはないのであって、私自身の根本的で自発的な行為によって成り立つのである。

いま二点目として挙げた〈自由〉は、〈自我〉と並んで、フィヒテが掲げたものとして最も重要なもののひとつである。彼が自らの哲学的思想をはじめてまとまったかたちで公けにしたのは『全知識学の基礎（*Grundlage der gesamten Wissenschaftslehre*）』（一七九四）であるが、この書物は、その公刊の五年前に生じたフランス革命の影響を受けている。人間は本来いかなる既存の権威にも権力にも屈することなく、自由で平等なものとして生まれついているという主張こそ、フランス革命の原動力となったものであるが、この主張は現実の出来事に対して決定的な影響を及ぼしただけにとどまらない。現実のものごとの真のあり方や本質を考察する哲学という、知の営みに対してもその根本を見直すことを迫るほどの多大な影響を及ぼした。

〈私〉というものが生まれや身分や環境のいかんに拘わらず自由であり、その自由はいかなるものによっても否定されたり、奪い去られることはないということ、こうした理解こそ、〈自我〉を哲学の根本原理として掲げることを可能となしたものといえよう。こうした理解については、『全知識学の基礎』第九節の中で次のように明確に述べられている。

「ひとえにこうした絶対的な自発性からのみ、自我の意識は結果として生じる。――いかなる自然法則を通じてでもなく、また自然法則から生じるいかなる帰結を通じてでもなく、むしろ絶対的な自由（absolute Freiheit）を通じてこそ、我々は理性へと高まるのであって、移行（Übergang）を通じてではなく、むしろ跳躍（ein Sprung）を通じてである。――したがって、ひとは哲学においては必然的に、自我（das Ich）から出発しなければならないが、それはなぜかといえば、自我は演繹され得ないからである」（GA I, 2, 427）。

人間は他の生き物とは異なり、本来のあり方からすれば自然法則のもとに服しているのではない。そうではなくて、その本質からしてどこからどこまでも自発的であるという、こうしたところからしてこそ、〈私は私である〉ということが理解可能となるというのである。

〈このもの〉であるとともに〈普遍的なもの〉でもある〈私〉

意識というものを掘り下げるならば、前述のように哲学の根本原理としての性格をもつことが明らかとなる。その一方で、意識はもっと身近なもの、普段慣れ親しんだものでもある。というよりもむしろ、あまりにも身近であるため、普段の生活ではことさらに気に留めることもないようなものである、という方がよいかもしれない。

私たちが普段の生活で見たり聞いたりするもの、たとえば大学に出掛ける途中の街並みや景色、そこから聞こえてくる通り掛かるひとの声やそのひとが聞いている音楽、あるいは疲れたときなどにふと見やる窓の外の木立、私たちはこういったものを意識するのでもある。普段であれば何気なく見やるだけで、特に気に留めることもないものが何らかの拍子に注意を引き付けることもしばしばある。いつも見慣れているはずの景色や光景であっても、たとえば何か嬉しいことや悲しいことが起こる場合には、ふと立ち止まってしばらくの間見つめるということもあるだろう。

自分が今見ているもの、今聞いているものに注意を向けるということ、このこともまた〈意識する〉ということなのであり、なおかつ自己意識、言い換えると、〈私が私を意識する〉ということはこうしたところから生じてくる。

とはいえ、フィヒテが主張するように、いきなり〈自我〉から出発する必要は必ずしもない。というよりも、そのことはほとんど不可能である。フィヒテは哲学の根本原理として〈自我〉を掲げるが、どのようにすればひとがこの根本原理へと辿り着けるのか、どのようにすれば絶対的に自由であるような〈自我〉の境地へと到達することが出来るのか、という手引きを与えてはくれない。むしろ先の引用にある通り、ひとが〈自我〉の境地へと至ることは「跳躍」によってなされると理解される。だが、たとえひとが何を措いてもまずもってこの境地に立つべきだ、というように主張するとしても、そもそもどのようにしたら立つことが出来るのかという、そのことは示されないままである。

ヘーゲルはまさにこうした問題意識から出発して、独自の仕方で意識について考察をめぐらす。フィヒテが掲げるような自由な〈自我〉の立場はすぐれたものとして然るべき位置付けを与えられるべきであるのはたしかにその通りである。ヘーゲルの最初の哲学的著作である『差異論文（*Differenz des Fichteschen und Schellingschen Systems der Philosophie*）』（一八〇一）では、一方では徹底的な批判が展開されつつも、フィヒテの哲学に対してそれ相応の重要性が認められていたのであった。

その一方で、哲学的に厳密にものごとの真理を探究することに従事するのではないような、そういったひとであっても、およそ〈理性的動物〉であるならば誰でも自分で辿ることが出来るような、そういった道のりや手掛かりといったものも必要である。ヘーゲルの主著の一つである『精神現象学』が叙述の出発点とするのは、〈感覚的確信〉である。私が今ここで見たり、聞いたり、触れたりしているもの、それが私の見ている通りに、聞いている通りに、また触れている通りに存在するということ、このことが〈感覚的確信〉のもとに言い表されている。私は自分が見ている風景や、自分が聞いている話し声や音楽であるとか、自分が触れている楽器やラケットや花や果物であるとか、そういったものに直接かかわっているのである。

同書では、〈感覚的確信〉は「直接的なものの知」とも言い換えられる。私が直に見たり、聞いたり、触れたりするもののことがここでは、「直接的なもの」として特徴付けられている。私が〈感覚的意識〉としてとるあり方はそれ自体個別的であるとともに、関わる対象もまた同じように個別的なものである。「意識とは私のことであり、それ以上の何ものでもなく、純粋な〈このもの〉(ein reiner Dieser) である。個別的な者は純粋な〈このもの〉を知るのであり、言い換えると、個別的なものを知る (der Einzelne weiß reines Dieses, oder das Einzelne)」(GW9, 63)。

〈感覚的確信〉においてはこのように、何かを見たり聞いたりする私のあり方も、また私によって見られたり聞かれたりする対象のあり方も、ともに個別的である。だが注意すべきことに、よくよく見てみると、私のあり方も対象もいずれをとってみても、それほど単純ではないことが明らかとなる。それはなぜかといえば、たとえ私が何を見ようとも、何を聞こうとも、何に触れようとも、そのいずれも〈これ〉と指し示せることに変わりはないからである。風景も、話し声も、音楽も、ラケットも、料理もいずれも同じように〈このもの〉なのである。その意味では、〈このもの〉はいずれにも当てはまるものであるといえる。このようにして、〈このもの〉はいずれにも共通するものであるのだから、そのことからすれば普遍的なものであるといえる。こうした逆説的な事態についてヘーゲルが語るところを引いてみよう。

「私が個別的な事物（ein einzelnes Ding）について述べるならば、その場合、私は個別的な事物のことをむしろ、完全に普遍的なもの（ganz Allgemeines）として述べている。というのも、一切のものは個別的な事物であるからである。また同様にして、この事物はひとが欲するような一切のものである。より正確に特徴付けるならば、この一枚の紙としてみた場合、どの紙もすべてこの一枚の紙なのであって、私は常に、普遍的なものを述べたに過ぎないのである」（GW9, 70）。

同じことは私のあり方にも当てはまる。誰が窓の外の木立を見ていようとも、〈私はいま木立を見ている〉ということに変わりはない。自分以外の誰であれ、自分と同じように〈私は～を見ている〉ということが出来るのである。こうした事情は次のように言い表される。

「私がこの〈ここ〉やこの〈今〉を述べることによって、言い換えると、個別的なものを述べることによって、一切の〈このもの〉を述べるのであり、一切の〈ここ〉や一切の〈今〉、一切の

〈個別的なもの〉を述べるのである。同じように、私は〈私〉と述べることによって、すなわち、この個別的な〈私〉(dieser einzelne Ich)と述べることによって、総じていえば、一切の〈私〉と述べるのである。どの者も、私が述べる当のものなのであって、すなわち〈私〉であり、〈このもの〉にして〈個別的なもの〉にして〈私〉である」(GW9, 66)。

ここにはきわめて興味深い事態が示されている。私は他のいかなるものでもないこの私であるはずなのに、まさにそうしたあり方のうちに、他の誰にでも同じように当てはまるような普遍的なあり方が認められるというのである。

ヘーゲルによるこうした理解は、フィヒテとは別の角度から、〈私〉というものの本質に光を当ててくれる。〈感覚的確信〉が関わる領域とは、見たり、聞いたり、触れたりといった、きわめて日常的でありふれたものである。ひとは生きている限り、誰もが普段の何気ない生活の中で何かを見たり、聞いたり、触れたりする。こうしたありふれたことのうちに、かつありふれたことを通じて、見慣れないものが立ち現れてくるのである。哲学というすぐれた意味での知の営みは、ただ単に見慣れないものの領域、日常からかけ離れた領域の中に閉じこもって探求するのではなく、かえって見慣れたものの奥底に見慣れないものが潜んでいることを明らかとするのである。次節では、ひとが見慣れたものを出発点にして見慣れないものへと向かい、そこに潜むさまざまな側面を明らかにするという、探求のはたらきを手掛かりに、自己意識の問題について検討することにしよう。

2　経験と普遍的な法則

知覚のはたらき――〈物〉とそのさまざまな性質

意識するということは、自分を取り巻く周りへと注意を向けることである。私は何かを意識するのであり、周囲にある何かに目を向けたり、耳を傾けたりする。けれども私が見たり聞いたりする何かというのは、その場限りのもの、その瞬間存在するだけで消え去ってしまうようなものにすぎないのではない。意識の対象となるものは、意識する私と同じように、とどまるもの、存立し続けるものである。もちろん夏の夜に楽しむ線香花火や、縁日で頬張る綿菓子のように、あっという間に消え去ってしまうものもある。それでも、これらのものにも一定の恒常性が備わっていることに変わりはない。それは一体なぜだろうか。その理由は、これらのものが〈物〉として存在することによる。私たちが意識する何かが〈物〉として存在するということ、それは、この何かが一定の性質を備えているということである。

夏の夜に友人や恋人や家族と線香花火で遊ぶ場合、私はたとえば花びらのような閃光が煌めくのを目にしたり、その周りに煙が広がっていくのを目にしたり、花火が燃えることで発する匂いを嗅いだり、ぱちぱちと火花が飛び散る音を耳にする。閃光、広がる煙、その匂い、それに音、これらはすべて同じ一つの線香花火に発する。私たちは花火を楽しむ場合、これらすべてにことさら注意を向けているとは限らない。花火の繊細で鮮やかな色にもっぱら目が向いている場合もあれば、風の向きによっては煙の臭いが鼻にくる場合もある。あるいは話に夢中になって、花火にあまり注意が向いていないことがあるかもしれない。

これに対し花火職人の場合、一つの線香花火を作るにあたって、閃光、煙、匂い、音のいずれにも注意を向ける必要がある。そうでないと、職人が作るものは線香花火としては不十分なもの、あるいは線香花火とは別のものになりかねない。また職人でなくとも、たとえば雨が降った後に花火を楽しもうとすると、花火がしけってしまい、それらしい閃光や音を発せず、そのため、線香花火らしくない、という言葉を私たちは口にしたりすることもある。

いま述べた場合でも、職人が花火を製造する場合でも、いずれも〈花火らしさ〉というべきものが念頭に置かれている。同じことは綿菓子にも当てはまる。綿菓子の色は白くて、口にするとふんわりとした触感で甘く、あっという間に口の中で溶けてしまうものの、いくらかべっとりとした感触が唇や口の中にしばらくとどまる。綿菓子の白い色も、ふんわりした触感も、甘さも、溶けやすさもべたつきも、いずれも〈綿菓子らしさ〉というべきものに属する。これを言い換えると、線香花火とは一般にこれこれのものであり、綿菓子とは一般にこれこれのものである、ということである。私たちが意識する何かは、たとえばこれは光を発するとか、これは甘いというように、〈この特定のもの〉というあり方をする。〈この特定のもの〉が具体的にどのようなものであるかは、私たちが意識するその都度異なる。綿菓子の白さも、甘さも、溶けやすさもべたつきも、いずれも〈この特定のもの〉である。けれども、これらは別々のものなのではない。そうではなくて同じ一つの綿菓子の白さであり、甘さであり、溶けやすさであり、べたつきである。白さ、甘さ、溶けやすさ、べたつきはこのように、綿菓子という同じ一つの〈物〉に属する性質なのである。

ヘーゲルは『精神現象学』の「知覚」章の中で、「多くの性質からなる物（das Ding von vielen Eigenschaften）」（GW9, 71）について論じている。〈物〉においてはさまざまな性質は互いに作用を及ぼすことがなく、それぞれ独自のあり方をしながら並びあって存在している。これらの性質の中心となり、これらを一つに取りまとめるのが、〈物〉というものなのである。〈物〉とはこのようにして、さまざまな性質の統一なのである。こうした事情についてヘーゲルは次のように述べる。

「これら多くの性質の一切は、一つの単純な〈ここ〉（Ein einfaches Hier）のうちに存在するのであって、これらの性質はそれゆえ、一つの単純な〈ここ〉において互いに浸透し合う。どの性質も別の性質と異なる〈ここ〉をもつことはなく、むしろ、どの性質も至るところに存在しており、別の性質が存在するまさに同一のもののうちに存在する。これらの性質はまた同時に、いくつもの異なる〈ここ〉によって分かたれているのでなければ、このように浸透することにおいて互いに作用を及ぼすことはない」（GW9, 72）。

私たちが何かを知覚する場合、その何かをあるがままに受け止める。先に挙げた線香花火や綿菓子の場合、閃光や煙を発するがままに見たり聞いたりし、ふんわりとした触感や甘さを舌で味わう。私たちはこのようにして見たり聞いたり、あるいは味わうことで受け取ったさまざまな性質を一つの〈物〉に帰する。

だが、私たちは何らかの性質を正しく〈物〉に帰するとは限らない。縁日で聞こえてくる鳥の鳴き声が実際には本物の鳥の鳴き声ではなく、笛の音であったり、あるいは誰かが真似した音であったりすることもあれば、あるいはまた、遠くから近付いてくるのが友人だとばかり思っていたのが、実は別人であったりすることがある。こうした事態は〈錯覚〉と呼ばれるものである。ひとは何かを知覚する場合、現に知覚している何かを本来ある通りにとらえることなく、別のものと取り違えてしまうことがある。このように私たちが何かを知覚する場合、〈錯覚〉の可能性がつきまとう。私たちの意識はたとえば鳥や友人に向けられていたはずであるのに、実際には別のものに向けられていたわけである。こうした〈錯覚〉がどのようにして生じるのだろうか。ここでふたたびヘーゲルの言葉を引いてみよう。

「意識は対象をただ受け取るべきなのであって、なおかつ、純粋にとらえるはたらきとして振舞うべきである。そうすることで意識に生じるのは、真なるもの（das Wahre）である。もし仮に、意識自身がこのように受け取るはたらきに際して何らかのことをするならば、その場合、そのように付け加えたり取り去ったりすることによって、真理を変えてしまうことになろう。対象が真なるものであり、普遍的なものであり、それ自身に等しいもの（das sich selbst Gleiche）であるのに対し、意識が変化するものであり、非本質的なものであることによって、意識が対象を間違ってとらえ、思い違いをすることが意識に生じることがあり得る。知覚する者は、錯覚の可能性の意識を有している」（GW9, 73f.）。

〈物〉はさまざまな性質を備えており、これらの性質を成り立たせる普遍的なものである。これに対し〈物〉をとらえる私は、あくまでも〈この〉私であり、個別的なものにとどまる。〈この〉私が花火を楽しむのであり、綿菓子を味わうのであり、鳥のような鳴き声を聞く。けれども花火も、綿菓子も、鳥の鳴き声も、ただ単に〈このもの〉なのではなく、一般的なもの、普遍的なものなのである。私とともに楽しむ友人や恋人もまた、同じように花火や綿菓子を楽しむ。そればかりでなく、同じ祭りに居合わせる人々は皆、花火を見て楽しむ。花火を見ている私は、他の人々と同じものを見ていながらも、あくまでもこれらの人々とは区別されるような、〈この〉私であるのだ。私は身の回りにあるものをとらえる限りにおいて、〈物〉にみられるような普遍性を備えることがなく、あくまでも〈このもの〉にとどまる。

知覚することから経験へ

知覚のはたらきには、先にみたような消極的な側面だけでなく、自己意識の成立に寄与する積極的な側面も認められる。そのことは何よりも、知覚のはたらきが先に取り上げた〈感覚的確信〉と同様、〈知〉としてのあり方を備えていることによる。知覚が〈知〉として理解されるのは次のことによる。私は知覚することを通じて、〈物〉のさまざまな性質を明らかにする。そうすることでこれらの性質が属する同じ一つの〈物〉がどのようなものであるかをとらえることが出来る。〈感覚的確信〉の場合とは異なり、〈私〉は単に〈このもの〉に関わるだけにとどまらない。むしろ私が関わる対象は、普遍性を備えているのでもある。

感覚や知覚が〈知〉のはたらきの一形態として理解されることについては、すでに古代ギリシアにおいて言い表されていた。アリストテレスは『形而上学（ΤΑ ΜΕΤΑ ΤΑ ΦΥΣΙΚΑ）』の冒頭で、「全ての人間はその本性からして、知ること（τὸ εἰδέναι）を欲する」（980a21）という有名な言葉を語っている。アリストテレスがこうした主張を裏付ける証拠として挙げるのが、〈見ること〉に対する愛好である。ひとは誰でも生まれつき、何かを見る能力を備えている。ことさら意識しなくとも、ひとは常に何かを見ている。何かを注意して見る場合、ひとはその何かを明らかにしようとしている。ひとが何かを見るのは、そうすることでその何かがどのようなものであるかを知るためであるというのである。アリストテレスはいま挙げた箇所にすぐ続く文章でこう述べる。

「その証拠となるのが、諸感覚（αἱ αἰσθήσεις）に対する愛好である。というのも全ての人間は効用を抜きにしても、諸感覚をそれ自体のゆえに愛好するのであって、また他の感覚にもまして、眼を通じての感覚〔視覚〕を愛好するからである。すなわち我々は、〔何かを〕行うためだけでなく、何もしようとしない場合でも、いうなれば他のあらゆる感覚にもまさって〈見ること〉（τὸ ὁρᾶν）を選び好むのである。その理由となるのは、この感覚が他の感覚にまさって、我々が理解するようにさせるからであり、またさまざまな区別を明らかにしてくれるからである」（980a20〜27）。

見るはたらきはそれだけをとってみれば、他の生き物にもたしかに認められる。だが人間に特有の見るはたらきが他の生き物の場合と異なるのは、その対象に対する関わり方が単にその都度のもの、その場限りのものであるのではなく、普遍性を備えていることに基づく。人間が何らかの事柄について理解を獲得し、その事柄を他の事物から区別するようになるのは、見るはたらきが備える普遍性によるのである。こうした普遍性を付与するものは、「経験」と呼ばれる。ここで「経験（ἐμπειρία）」についてもアリストテレスの言葉を引いてみよう。

「他の生き物たちがさまざまな表象（αἱ φαντασίαι）や記憶（αἱ μνῆμαι）によって生きるのに対し、さまざまな経験に与る生き物は僅かである。これに対し、人間という種類の生き物は、技術（τέχνη）および推理の力（λογισμοί）でもって生きる。記憶からは、経験が人間たちに生じる。というのも同じ事柄の数多くの記憶は、一つの経験という力へと結実するからである。また経験は、知識（ἐπιστήμη）や技術とほとんど同じであると思われているが、知識や技術が人間たちに結果としてもたらされるのは、経験を通じてなのである。ポーロスが言うように、経験は技術をつくったが、無経験は偶然（τύχη）をつくったのであって、彼の言うことは正しい」（980b25～981a5）。

ここでいう「経験」とは、同じものを何度も繰り返し見たり聞いたりすることである。山にかかる雲の様子を一年を通じて見続けていると、もうすぐ雨や雪が降りそうであるとか、嵐が近付いているということや、もうすぐ晴れ間が出てくるということが分かるようになることがある。こうしたことは農村に古くから伝わることが多いが、畑仕事で毎日山の方を眺めることで、その先の農作業をどうするかを決めるわけである。あるいは文字を書くということも何度も繰り返し書くことで定着する。このことはたとえば、子どもがひらがなや漢字を学ぶ場合や、外国語を学ぶ場合や、はじめて使用するパソコンやスマートフォンで文字を入力する場合などに照らし合わせるならば納得がいこう。あるいはピアノやヴァイオリンである曲を演奏する場合でも、何度も繰り返して演奏することではじめて、その曲を通して演奏することが出来るようになる。さらには、テニスやサッカーでも何度も個々のフォームを繰り返したり、個別の技の修練を積むことによって、はじめて試合に臨むことが出来るようになる。

「経験」はこのように、〈この場合にはこうで、別の場合にはこう〉という仕方で、それぞれの場合にどのようにすればよいのかを明らかにする。ひとは「経験」を積むことによって、その都度変わる状況の中で、どのようにすれば直面する状況の中で最善のことを行うことが出来るかを理解するようになる。たとえば九九や計算の公式を覚えることや、同じ形の皿や器の習作を何度も制作することは、それ自体としてはまだ「知識」や「技術」ではないにしても、それでもやはり数学や物理学といった学問も、家具作りや陶芸といった職人技も、その下地となるのは同じく「経験」なのである。

このようにみるならば、ヘーゲルがいう「知覚」は単に植物や動物の生態を観察するという意味で、身の回りのものに注意を向けることを意味するのではないことが分かる。「知覚」はいわゆる理論的な領域だけに限られるのではない。そうではなくて、ひとが生活する中で注意を向けるあらゆる事柄に関わるのである。

私たちは生きている限り、身の回りにあるさまざまなものと関わりをもつ必要がある。大学やバイト先やそれ以外のどこかへ向かう途中にある信号や標識や看板は、ただ何となく目に入るだけのものではない。それらはむしろ、自分が向かっていく目的地がどこにあるのか、途中のどの地点にまで来ているのか、といったことを告げ知らせてくれる。はじめは目的地までの時間や距離が分からず不安であったのが、何度も通ううちにこの道を行く方が近道であったり、いつもより出発するのが遅くなってもここまで来ているならばまだ時間に間に合うといったように、信号や標識や看板も〈この場合にはこうで、あの場合にはこう〉というように物事のあり方を一般的に明らかにしてくれるのである。

現象の世界と超感覚的な世界――〈内的なもの〉の立ち現れ

〈物〉とそのさまざまな性質に対する関わりは、知覚からさらに進んで別の仕方をとる。〈物〉はいつの間にか現に備わっている性質を備えてしまっているわけではない。むしろ〈物〉にはそれ自身に備わる性質を生じさせるような、固有なはたらきが備わっている。こうしたはたらきのことを、ヘーゲルは「〈力〉(die Kraft)」と呼ぶ。「〈力〉」については、『精神現象学』の「Ⅲ．悟性と力」章の中で詳しく論じられている。それによれば、線香花火が閃光し、煙を放つのは、線香花火に備わる閃光させ、発煙させる〈力〉によってそうなのであり、綿菓子が甘いのは、綿菓子に備わる甘くする〈力〉によってそうであるというのである。〈物〉はこうした〈力〉の発現として理解される。〈力〉は本来的にはそれだけで存在することはない。そうではなくて、〈力〉はさまざまな性質を備えた〈物〉を現にある通りに成り立たせているのであって、「力は現実的なものとしてみるならば、端的にいって、発現(die Äußerung)においてのみ存在する」(GW9, 87)のである。

力それ自体は、〈物〉やその性質とは異なり、見たり聞いたりというように感覚的にとらえることは出来ない。むしろ〈力〉は感覚的に存在するものの背後にある。ヘーゲルはこのようにして、「さまざまな〈物〉の内的なもの(das Innere der Dinge)」(GW9, 88)の存在を主張する。〈物〉がどのような〈力〉によって一定の性質をもつのかということは、見たり聞いたりするといった感覚的な仕方ではとらえることが出来ない。とらえるはたらきもまた、とらえる対象と同様に普遍的なあり方をする必要がある、こうした場合のはたらきは、「悟性(der Verstand)」と特徴付けられる。「悟性」とは大ざっぱにいえば、物事を場合分けして区別することで、一定のあり方のものとして一般的にとらえる思考のはたらきのことである。また、こうした場合分けによって得られる理解については、「概念」と特徴付けられる。「悟性」が〈物〉の「内的なもの」をとらえる仕方は、次のように言い表される。

「さまざまな〈物〉のこうした真の本質はいまや、次のように規定されたのであった、すなわち、さまざまな〈物〉の真の本質は、意識に対して直接的に存在するのではなく、むしろ意識は内的なものに対して、間接的な関わりをもつのである。また意識は悟性としてみるならば、さまざまな力の戯れ（das Spiel der Kräfte）というこうした中間項を通じて、さまざまな物の真の背景（der wahre Hintergrund der Dinge）を眺めるに至る」（ibid.）。

このようにして、〈物〉をめぐってその現実のあり方、およびその背景としての「内的なもの」という二つの側面が登場する。これらの側面はそれぞれ別の領域を形づくる。現実のあり方が属する領域が「現象（die Erscheinung）」（GW9, 90）と呼ばれるのに対し、「内的なもの」としての〈力〉が本来存在する領域は「超感覚的な世界（die übersinnliche Welt）」（GW9, 91）と呼ばれる。

「超感覚的な世界はこのようにして、諸法則の静かな領域（ein ruhiges Reich von Gesetzen）であり、もっといえば、知覚される世界（die wahrgenommene Welt）の向こう側に存在する。というのも知覚される世界は、絶えざる変化によって法則を叙述するに過ぎないからである。だが、超感覚的な世界は知覚される世界のうちにも同じように現前するのであって、知覚される世界の直接的で静かな写し（ihr unmittelbares stilles Abbild）なのである」（ibid.）。

ひとは身の回りのものを意識することによって、目の前にあるものを感覚的にとらえるだけにとどまらず、そこから進んでさらには、目の前にあるものの背後の領域にまで到達することが可能である。「悟性」のはたらきと通じて示される「超感覚的な世界」とはここでは、たとえばキリスト教神学が教えるような神的なもの、宗教的なものの領域を指すのではなく、いうなれば自然法則が形成する領域のことである。ひとは「悟性」を通じて科学的・学問的思考の入口に立つのである。

だがそれだけにとどまらない。自らの外側にあるものの根底には実はより高次の領域として「内的なもの」の領域があることに気付くことによって、ひとは他ならぬ自分自身の内的なあり方に気付くようになる。こうした事態は、「内的なものが内的なものを眺めること（das Schauen des Inneren in das Innere）」（GW9, 102）というように言い表される。まさにこうしたところからこそ、自己意識は立ち現れてくるのである。内的なものとしての自己意識は、自らをまさしく内的なものとして眺める必要がある。

だがまだこの段階では、ひとは自らの外側に存在するものに向かうだけにとどまっており、自分自身の内的なものが果たしてどのようなものであるかをとらえるには至っていない。そもそも身の回りのものを観察することによっては、自らのとらえるはたらきの対象としての〈物〉のあり方が問題となるに過ぎず、当の自分自身のあり方が問題となることはない。

ヘーゲルと同時代の哲学者であるフィヒテはまさにこの点について論じている。一八〇〇年に刊行された『人間の使命（*Bestimmung des Menschen*）』では、自己意識としての私が自分で自分を規定し、自由に基づいて行為することはどのようにして可能であるのか、という問題について論じられている。「私は私自身によって生じたのではなかった。〔中略〕私は、私の外側にある別の力によって現実的となったのである。そして普遍的な自然の力によるのでなければ一体どの力によるというのだろうか。私は実際、自然の一部分であるのだから」（GA I, 6, 199）。フィヒテによれば、私はさしあたり、自らが観察する自然現象と同じように自然法則によって存在するのだとして現れる。私自身、自然現象と何ら変わるところがないというわけである。「実際、私が行為するのではそもそもなく、むしろ私において自然が行為するのである」（GA I, 6, 207）。

だが私の本来のあり方はこのようなものでは決してあり得ない。私のあり方は、自分とは別なものの法則にしたがうのではなく、私自身の自由によって決定されるべきであるというのである。「私は自由であろうとする（Ich will frei sein）〔中略〕ことはすなわち、私自身が私自身のことを、〈私がそれであることになるだろう当のもの〉となそうとする（ich selbst will mich machen, zu dem, was ich sein werden）、ということである」（GA I, 6, 210）。私がこれから先、どのようなあり方をするかということは、私が自分自身で考えて決める必要がある。しかも、単に決定するだけでは不十分であって、さらには、これと決めて選んだものを自ら実現する必要があるというのである。フィヒテのこうした主張は、自己意識に対するすぐれた洞察を与えてくれる。すなわち彼によれば、〈自分が自分を意識する〉限りにおいて、ひとは自由であり、自立的であって、そのあり方はいかなるものによっても左右されることはない。ひとは自己意識的な存在者である限り、その本質からして自由である。

このようにして人間は自己意識的な存在者である限り、自然物とは区別される。自然物は法則のもとにつねに服しており、原因と結果の連鎖のもとにある。だが人間は、自分とは別の何かによってそのあり方を決められるのでもなければ、何かをするように仕向けられるのでもない。むしろ人間は自分で自分のあり方や行うことを見定め、決めることが出来る。人間はこのようにして本来自由なのである。フィヒテはこうした事情について、次のように鮮やかに述べている。

「だが私は自由である（ich bin frei）。それゆえ、さまざまな原因と結果のそのような連関においては、自由は絶対的に余計で無目的であるのだが、こうした連関が私の全使命（meine ganze Bestimmung）を汲み尽すことはあり得ない。私は自由であるべきである（Ich soll frei sein）。というのも、機械的に産み出された行為ではなく、むしろもっぱら掟のためにあるような、そして端的に他のいかなる目的のためにあるのでもないような、そういった自由の自由な規定こそ――良心の内なる声は我々に対してそのように語るのだが――こうしたものだけがひとえに我々の真の価値をかたちづくるからである」（GA I, 6, 279）。

ヘーゲルもフィヒテもともに、こうした確信をそれぞれの哲学的思索の出発点としており、こうした確信に立脚し続けている。まさにこうした確信こそ、自己意識を哲学の根本問題たらしめた原動力である。次章では、自己意識が果たしてどのようにして生じるのか、またその際に自由や自立性がどのような役割を果たすのか、という点についてみていくことにしよう。

第2章　〈自分が自分である〉ということの確信

1　自立性の確立

自己意識はどのようにして成り立つのか――反省のはたらき

〈私は私である〉、このことは一体どのようにして成り立つのだろうか。自分の身の回りにあるものを眺めても、聞こえてくる音や響きに耳を傾けても、このことは決して生じるわけではない。私はそのとき、他のものへと注意を向けているのであって、何かを眺め、耳を傾けている当の自分自身に注意を向けることはない。だがまさに自分自身へと注意を向け変えることこそ、〈私が私である〉ことのために不可欠なのである。

とはいえ、どのようにして注意の向け変えが生じるのだろうか。もちろん、きっかけとなるものはさまざまあるだろう。夢中になって遊んでいたスポーツや楽器の演奏をいったん止めて休憩する場合であるとか、友人との長電話やおしゃべりに夢中になっていたのが、独りになるとこれからしようと考えていたことや、しなければいけないことをふと思い出す場合であるとか、山頂や海岸など風光明媚な場所に立って辺りを見渡した時に、風景の雄大さに自らの身を対比する場合であるとか、さまざまな場合が挙げられよう。これらはいずれも〈我に帰る〉といった事態を言い表すといえる。けれどもこれだけではまだ十分ではない。なぜならいずれの場合でも、自分のしていることにそのまま夢中になっていることもあり得るわけで、自分自身へと振り返ったり、振り返らなかったりというように、いずれでもあり得るといった具合だからである。

〈私が自分自身へと注意を向けること〉は私を取り巻くものによって成り立つのではない、言い換えると、私の外側にあるものによって成り立つのではない。そうではなくて、〈私〉というもののあり方がその本質からして、自分自身へと振り返るというようにして活動的なのである。つまり〈私が私である〉ということは、他のいかなるものによるのでもなく、他ならぬ自分自身に基づくのである。

私は私自身に基づいて存在するというまさにこのことこそ、近代の哲学者たちが〈自己意識〉ということのもとに言い表そうとしたものである。それによれば、〈私〉というものは何よりもまず、他ならぬ〈私〉自身にとって〈私〉として存在する。このことを別の仕方で表現すると、〈私〉は自分が自分に向き合うというようにして存在する、ということである。〈私〉の存在はこのように、関係というかたちをとるのであって、それも自己関係というかたちをとる。しかもここでいう関係は、〈私〉自身が自らへと向き直るというプロセスをとり、動的なものとして理解される。

これまでも紹介してきたヘーゲルは、こうした動的な自己関係のことを「反省（die Reflexion）」のはたらきと特徴付ける。『精神現象学』の「Ⅳ．自己確信の真理（Die Wahrheit der Gewissheit seiner selbst)」章にある次の言葉に注目してみよう。

「だが自己意識は実際のところ、感覚的で知覚された世界（die sinnliche und wahrgenommene Welt）の存在からの反省であるとともに、その本質からして、〈他であること〉からの立ち返り（die Rückkehr aus dem Anderssein）である。自己意識は自己意識である限りにおいて、運動（Bewegung）である。だが、自己意識は自分自身である限りでの自分自身を、自分自身から区別するに過ぎないのだから、区別は自己意識にとって、〈他であること〉としてみるならば直接的に止揚〔克服〕されている」（GW9, 104）。

ここに挙げた引用を踏まえるならば、〈私が私である〉ということは、〈私〉が自分を自分以外のものから区別することによるのが分かる。「他であること」ということで言われているのは、以前みたような、感覚や知覚によってとらえられる外的な世界のことである。〈私〉は本来、外的な世界のうちに埋没するのでもなければ、外的な世界の成り行きのままにともに流れてたゆたうのでもない。〈私が私である〉ということはさしあたり、「〜ではない」という否定のかたちをとる。これは単に思考や思想上の問題としてそうであるというだけでない。そのことは、幼児に自我が芽生えてくるようになるには、何かを嫌がったり、反抗したりすることを介するということや、思春期になると大人の言うことや行うことに反感を抱いたり、反抗したりするというように、成長の過程に照らしても明らかであろう。

あるいは一目見ただけで誰の絵と分かるような画家や、はじめの部分を聞いたり、見たりしただけで誰の作品であるか分かるような音楽家や映像作家の場合でも同じことが言えよう。独創的な芸術家にみられる強烈な個性は、先行する時代や同時代の手法・風潮をそのまま受け入れるのではなく、「これではない」というようにして、自らの表現しようとするところを作品のうちに刻印する中で次第に形成されるものである。もちろん芸術家の場合、円熟の境地に達するならば、過剰な自意識や他に対する反抗といったものは消え去り、何ものにもとらわれることなく自在に創作するところまで至ることだろう。ルートヴィヒ・ヴァン・ベートーヴェン（Ludwig van Beethoven、一七七〇～一八二七）の第九交響曲の最終楽章は、「歓喜の歌」と一般に呼ばれているが、その中で声楽が導入されるまでの部分では、それまでの三つの楽章の主題がそれぞれ振り返るようにして提示されるものの、「友よ、この調べではなくて」というようにして、否定の言葉とともに名高い「歓喜の歌」のメロディーが奏される。そこでもやはり、本来あるべきものへと至る前に、「これではない」ということが語られるのである。

このようにみるならば、自己意識といってもただ単に〈私〉というものがあればそれだけでよい、というように単純な性格のものではないことが分かる。自己意識が自己関係的であり、他のものに依存することなく自立的であるとしても、やはり〈私〉を取り巻くさまざまなものとの関係も不可欠である。ただしこの場合の関係は、ヘーゲルによれば否定的なかたちをとる。これについても彼が語るところに注目しよう。

「意識は自己意識としてみるならばいまや、二重の対象（ein gedoppelter Gegenstand）をもつに至る。二重の対象とはすなわち、一方では直接的な対象のことであり、感覚的確信や知覚のはたらきの対象のことであるが、この対象は自己意識からすれば、否定的なものという性格（der Charakter des Negativen）によって特徴付けられている。また第二の対象とはすなわち、自分自身のことであるが、この対象は真の本質（das wahre Wesen）であるとともに、さしあたり、最初の対象との対立のうちにあるに過ぎない」（GW9, 104）。

自己意識にとっての対象は、意識の場合とは異なるかたちをとる。意識は見たり聞いたり、あるいは観察するというようにして、感覚的に存在するもの、外的なものを対象とする。これに対し自己意識は、他ならぬ自分自身を対象とする。だが自分自身を対象とするといっても、一体どのようにしてそうなのだろうか。まさにこのことが問われる。これまでのように感覚のはたらきによるのではないとすれば、どのようにして自分自身をとらえるというのだろうか。以下ではこの点についてみてみよう。

自己意識は別の自己意識に向き合う――〈私〉は同時に〈我々〉である

自己意識という場合に忘れてはならないのは、自己意識する〈私〉は生きているということである。

〈私〉は、観察対象としての〈物〉のように存在するのではない。〈私〉が何かを意識するとき、〈私〉は自らの生を維持し、自分で自分自身を担うのである。このことを別の仕方で表現すれば、〈私〉の生は自己意識によって貫かれている、ということである。ひとは身の回りにあるものをただ単にあるがままに眺めるのではない。あるいは、ひとは身の回りにあるものの法則や規則をただ単に知識として獲得するために、観察を重ねるのでもない。そうではなくて、生きていく上で必要なものを満たすために、身の回りにあるさまざまなものに関わるのである。

自己意識は一方では、感覚によってとらえられるような外的な世界とは区別される、独立した内面の世界を我々に開示してくれる。その一方で、ひとが生きていく上で必要なものを満たし、自らを養うといううきわめて基本的な事柄についても、自己意識は決定的な役割を果たす。ヘーゲルが自己意識の重要な要素の一つとして「欲望」を挙げるのはきわめて興味深い。注目すべきことに、ヘーゲルは「自己意識とは欲望一般（Begierde überhaupt）である」（GW9, 104）とさえ述べている。

自己意識の自立的で自己関係的なあり方だけをとってみるならば、「内的なものが内的なものを眺めること」（GW9, 102）というように、内面の世界だけで十分なように思われる。だが同時に、自己意識は現実的に存在するのでもある。すでにみたように、古代ギリシアの哲学者アリストテレスは人間を〈理性的動物〉と定義したが、人間にはその最もすぐれたはたらきとしての、思考と意志を導く理性という能力が備わっているだけでなく、〈動物〉でもある限りにおいて生きているのである。最もすぐれた能力としての理性をはたらかせるまでではなくとも、ひとは生きている限りにおいて、自分が行うことを意識的に行う。しかも何かを欲望するというようにして、すなわち生きていく上で必要であるとして獲得し、自分のものにしようとして意識的に行うのである。

冬が近付く中で山や丘に転がる枝を見るということは、暖をとるために薪にしようとしてそうするのであり、木の実やきのこを見つけようとするのは、単に知識を広めようとしてではなく、自分で食べるためにそうするのである。山にかかる雲の動きを見るのも、単に気象学上の知識を得ようとしてではなく、農作業を始める頃合いや進め方を見計らったり、収穫の時期を見極めたりするためである。山野に生える植物の形態や性質を知ることも、薬とするためであるとか食用とするためにそうするのである。船乗りたちにとって星座の位置を知ることが不可欠であったのも、それが船乗りたちの航海中の生死を左右することもあり得るほど、きわめて重要であったからにほかならない。古代ギリシアの中でも、エーゲ海東部に位置するイオニア地方ではじめに哲学的探求が起こったとされるのも、日常の生をめぐる切実な必要を満たすためのさまざまな貿易・商業上の活動を通じて、現実の世界に対して目覚めた見方が形成されていてこそはじめて可能であったといえよう。

そもそも学問的知識は、生活上の必要を満たすために身の回りにあるものを隈なく知るという、実際上の理由によるところが大きい。こうしたところから、数学や自然科学であるとか、法律についての学問や国家についての学問、すなわち法学や政治学が純粋な学問として次第に発展していった。こうしたことについては、アリストテレスの『形而上学』の最初の巻で、〈見ること〉をはじめとする感覚を出発点として、観察や経験を通じて、技術、知識、さらには知恵と至る過程として叙述がなされている。またプラトン（Πλάτων、前四二七〜前三四七）は『国家（ΠΟΛΙΤΕΙΑ）』と『法律（ΝΟΜΟΙ）』という二つの長大な対話篇の中で、国家やその諸制度について主題的に論じたが、そのいずれにおいても、国家という共同体の成立が人々の生活の必要を満たすことのうちに見定められていることは印象的であろう。

注目すべきことにヘーゲルによれば、自己意識が欲望の対象とするものは、観察の対象としての〈物〉やそのさまざまな性質とは異なるものである。そうではなくて欲望の対象は、自己意識と同様、「生けるもの（ein Lebendiges）」であるという。ここでふたたび『精神現象学』から引いてみよう。

「自己意識が存在する限りにおいて自分自身から区別するものは、存在するものとして定立されている限りにおいても、感覚的確信や知覚の仕方をとるだけなのではない。むしろそれは、自分自身へと反省した存在（in sich reflektiertes Sein）なのであって、また直接的な欲望の対象とは、生けるものである。〔中略〕それゆえ意識が自立的であるのと同じように、意識の対象もそれ自体としては自立的である」（GW9, 104f.）。

自己意識は死せるものに向き合うのではない。そうではなくて、生けるものとして生けるものに向き合うのである。生けるものとしての自己意識が生けるものとしての別のものに関わるということ、まさにこうした関係のうちにこそ、自己意識する存在者としての人間の活動する領域が単なる〈物〉

の領域とは異なるゆえんがある。

〈私〉が自己意識するというようにして生きることは、〈私〉と同じように自己意識しながら生きる別の者との関係において生きるということである。〈私〉はその本質からして、孤立しているのではない。そうではなくて、他の自己意識とともに存在するのである。〈私〉は他のいかなるものでもないまさにこの〈私〉でありながら、それと同時に、別の同じような〈私〉とともに存在するということ、このことは、〈私が私である〉ということが普遍的なものとしての性格を兼ね備えていることを意味する。ヘーゲルは、〈このもの〉としての〈私〉が同時に普遍的でもあることを、「類（die Gattung）」（GW9, 107）として特徴付ける。「自己意識は自らの〔欲望の〕満足を、別の自己意識（ein anderes Selbstbewusstsein）においてのみ達成する」（GW9, 108）と述べる場合、こうした類的な存在者としての自己意識どうしの関係が言い表されている。

　自己意識が別の自己意識に対して関わる場合、さしあたりは自分の欲望を満たすのに必要な限りでのみ関わるが、こうした関わりを通じて、相手の存在が自分が生きていく上で不可欠であることを認め、その存在を承認する。自己意識が真の意味で〈自己〉として存在するためには、別の〈自己〉と向き合い、そうすることで普遍性に根差したものとして自らの自己を獲得する必要がある。ヘーゲルの次の言葉はまさにこのことを示している。

「自己意識が自己意識に対して存在する（Es ist ein Selbstbewusstsein für ein Selbstbewusstsein）。この

ことによってはじめて、自己意識は実際に存在するといえる。というのも、〔自己意識が自己意識に対して存在するという〕こうしたことにおいてはじめて、自己意識が他であるあり方における自己意識それ自身の統一（die Einheit seiner selbst in seinem Anderssein）、ということが自己意識に対して生じるからである」（GW9, 108）。

このように、自己意識がその本質からして別の自己意識との関係のうちにあるとするような理解は、自己意識を社会的存在者としてとらえ返すことにつながる。すなわち自己意識は孤立しているのではなく、共同体のうちに存在するのである。自己意識は共同体のうちにあって活動することを通じてこそ、本当の意味で〈私は私である〉ようになるのである。〈私〉は自分へと立ち返って、自分自身にとって〈私〉として存在することによって、かえって他の〈私〉に対して開かれている。〈私〉というもののあり方自体が他の同じような〈私〉に対して開かれており、他の〈私〉との関係性によって成り立っているのである。

古代・中世における自己意識思想の萌芽について——プロティノス、アウグスティヌス、エックハルト

すでに述べたように、自己意識の思想は近代に特有なものである。だが、その萌芽はすでに古代ギリシアや中世にも認められる。ここで話を転じて、古代ギリシアから中世にかけての自己意識の思想の萌芽となるものに注目してみよう。特に注目すべきなのが、古代末期の新プラトン主義者プロティノス（Πλωτῖνος、二〇五頃～二七〇頃）である。プロティノスは人間の〈自己〉というものを徹底的に掘り下げた人物である。彼の思想はまた、キリスト教神学の形成に対してもきわめて大きな影響を与えている。とりわけ、教父最大の人物であるアウレリウス・アウグスティヌス（Aurelius Augustinus、三五四～四三〇）は、自伝的著作である『告白（*Confessiones*）』（三九七～四〇〇）の第七巻第九章で、キリスト教信仰に目覚めるに至った大きなきっかけの一つとして、新プラトン主義哲学者の著作を読んだ経験を挙げている。名指しこそなされていないものの、その著者は通常、プロティノス本人であるか、その弟子であるポルピュリオス（Πορφύριος、二三四頃～三〇五頃）のいずれかであるとされる。

アウグスティヌスにおける新プラトン主義哲学の影響は、『三位一体（*De trinitate*）』（?～四一七）における自己認識についての議論に顕著に認められる。同書第十巻第八章では、「汝自身を知れ」という、古代ギリシアの箴言が引き合いに出されている。これは古代ギリシアの哲学者ソクラテス（Σωκράτης、前四七〇～前三九九）に対して神託で有名なデルフォイの神殿で告げられたものとされる。まさにこの言葉こそ自己意識の思想の成立に対して、いわば源流とも言うべき役割を果たしたものである。アウグスティヌスは人間に備わる最もすぐれた能力を「精神（mens）」であるとするが、「精神」固有のはたらきとは認識である。人間は認識することで感覚的で外的な事物から引き離され、自分自身に立ち返るべきだとして、彼は次のように述べる。

「精神に対して、自分自身を認識するように命じられるとき、精神は自分のことを、あたかも自分から取り去られたものであるかのように探し求めてはならない。むしろ精神は、自分で自分に付け加えたものを取り去らねばならない。というのも精神自身は、さまざまな感覚的なものよりも内的であるだけでなく（これら感覚的なものは明らかに外側に存在するのだが）、これらの感覚的なものの像よりも内的であるからである」（十・八・十一）。

ここでも先にヘーゲルについてみたのと同様、人間は感覚的なものから立ち返ることによってこそ、本当の意味で自己自身として存在することが出来るようになるとされる。この場合注意すべきことに、自己認識は、認識のはたらきを行う当の者自身の内面へと深まることであると同時に、この内面の根源へとさらに深まっていくことでもある。すなわちアウグスティヌスによれば、自己認識とは同時に〈私は私である〉ということを成り立たせる根源としての神的なものを認識することでもある。ここには、ヘーゲルの場合とは別の仕方で、〈私〉というものの開かれたあり方が示されている。〈私〉はその本質からして、他の同じような〈私〉に対して開かれているだけでなく、自らの根源としての神的なものに対しても開かれているというのである。

そもそも、アウグスティヌスのもう一つの主著というべき『告白』は、著者であるアウグスティヌスが自らのこれまでの生涯について振り返り、そのさまを神に向かって語りかける形式で書かれている。その際、神は〈あなた〉として呼び掛けられているのである。自らの根源としての〈あなた〉に向かって自分をさらけ出すことを通じて、自分が本来何者であるかがはじめて当の本人に対して明らかとなる、というわけである。

キリスト教思想における新プラトン主義哲学の影響は、認識のはたらきだけでなく、意志や行為のはたらきにおいても顕著に認められる。十三世紀後半から十四世紀前半にかけて主にドイツで活躍したドミニコ会修道士のマイスター・エックハルト（Meister Eckhart、一二六〇頃～一三二七／八）は、ドイツ神秘主義と呼ばれる系譜の出発点をなしている。エックハルトもアウグスティヌスと同様、認識をめぐる問題についてきわめて鋭い理解を提示しているが、その一方でひとがどのように生き、どのように振る舞うべきかという道徳上の問題についても、他に類を見ないほど先鋭的な洞察を示している。若い修道士たちの導きのために書かれた『教導講話（*Die rede der underscheidunge*）』の中では、ひとは自らのために何らかのものを欲することを放棄することによって、かえって本当の意味で〈自らのもの〉を得ることになる、ということが神の意志との関係において次のように説かれている。

「ひとは次のことを学ばねばならない、すなわちあらゆる施しをするにしても、自らの自己を自らの外側へと取り除けるとともに、いかなる固有なものも手元にとどめることなく、いかなるものも探し求めることを学ばねばならない、利益や満足もそうであるし、親密さや甘美や報酬もそうであるし、天国にしても固有の意志にしてもそうである。

神は自らを疎遠な意志へと与えたことも決してなければ、与えることもない。神は自ら固有の意志に対してのみ、自らを与える。これに対し、神は自らの意志を見出すところでは自らを与えるし、この意志のうちへと自らをゆだねるのであり、それも、神自らがそれであるところの一切を伴うようにしてそうなのである。そして我々は、〈我々のもの〉から脱すれるならばその分だけますます、それだけ真の意味で〈我々のもの〉のうちにあるようになる」（DW5, 281）。

エックハルトによれば、ひとは何かを行うにあたって、自分のために何かを求めたり得ようとするべきではない。その理由として彼が挙げるのはただ単に、ひとがそうすることによって神の意志から離れてしまう、といった単純なことではない。そうではなくて、ひとは自分の外側にあるものに惹かれ、注意を奪われることによって、外側にあるものに執着することとなり、その結果、本当の意味で〈自分のもの〉、すなわち自らの内的なものから離れ去ってしまうからだ、というのである。

このことは、他でもない神との関係においても当てはまる。エックハルトが『教導講話』の他の箇所や説教の中でも繰り返し強調するには、健康になりたいとか、悩みや苦労から解放されたいとか、もっと豊かに暮らしたいとか、そういったことのために神に祈りを捧げるならば、神自身のために祈りを捧げるのではなく、自分の利益や欲求のために祈りを捧げていることになる。そのような状態に置かれているならば、ひとは神の意志を正しく知ることもなければ、自分が本当は何を欲しているのかを知ることもない。こうした誤った状態から立ち返るには、ひとえに自らの内なるものへと向き直る必要がある。〈自分固有のものから脱するだけ、ますます自分固有のもののうちに存在するようになる〉とは、まさにこうしたことを言わんとする。

注意すべきことに、ひとが自らの内なるものへと立ち返るということは、何かを欲したり行ったりするのをやめるということを意味しない。反対に、内なるものから発するようにして行為し、そうすることで自らを取り巻くさまざまなものへとはたらきかけることを意味する。エックハルトはそのことを次のように言い表す。

「ひとが自らの内的なものを避けるべきであるとか、内的なものが消え去るようにすべきであるとか、内的なものを拒むべきだというのではない。むしろひとは、他ならぬ内的なものにおいて、内的なものによって、かつ内的なものからしてはたらくことを学ぶべきなのである。ひとはその結果、内面的なあり方を効き目のある状態へと発現させるとともに、効き目のある状態を内面的なあり方のうちへと導くとともに、強制されることなくはたらくことに慣れるようになる。というのもひとは、内的なはたらきへと眼を向けるとともに、内的なはたらきからしてはたらくべきであって、〔聖書を〕読むことにおいても、祈りを捧げることにおいてもそうなのであり、――もしもどうしてもそうする必要が生じるならば――外的な業においてもそうである」（DW5, 291）。

〈内的なもの〉は、身の回りにある外的なものから隔絶しているのではない。〈内的なもの〉がより高次の領域として独自のあり方をするのはたしかにその通りである。だが同時に、〈内的なもの〉はひとが行う行為やはたらきの源なのであって、生き生きとした活動のうちに発現するのである。ひとはこうした活動を通じてこそ、本当の意味で〈自分のもの〉を自分自身のものとするのであり、近代的な表現をすれば、本当の意味で〈私は私である〉ようになるのである。そしてまた、プロティノスに端を発し、アウグスティヌスを経由してエックハルトに至る、新プラトン主義の神秘的・神学的思想が実は近代に特有な自己意識の思想の成立に深く関わっており、その最深部を支えているのである。

2　理性的存在者としての自覚

理性は人間の本質的特徴をなす

私は、他のいかなるものでもないこの〈私〉であるとともに、人間である。私が自分自身を意識するというようにして存在するのは、私が人間であり、人間として生きていることに基づく。他の生き物はどのようなものであれ、自分のことを〈私〉と呼ぶことがない。人間だけが自分のことを〈私〉と呼ぶのである。このことによって、人間は他の生き物から区別される。人間以外の生き物は、たとえ本能に基づいて獲物を欲するにしても、その場合「私は～を欲する」と言うことがない。これに対し、人間の場合、たとえどれほど些細なものを欲し求めようとも、「私は～が欲しい」とか、「私は～を欲する」という。喉が渇いたときに冷たい飲み物を求める場合であれ、小腹がすいて菓子パンやお菓子に手を伸ばすのであれ、店の前を通りがかってふと目に入ったものが思わず気に入った場合であれ、「私は～を欲する」わけである。

注意すべきことに、ひとはただ何となしに何かを欲し求めるのではない。そうではなくて、自分が何を欲し求めているかを理解した上で欲するのでもある。こうした理解のうちには、自分自身についての意識が認められる。自分はあれこれのものを欲し求めているのだと自覚した上で、そのことをはっきりと言い表すこと、このことは意思のはたらきを意味する。何を得ようとするのか、何を求めるのか、何を行うのか。これらいずれの場合でも、人間は一般的にいって、「私は〜する、〜したい」というようにして自らの意思を表明する。

人間にはこのように、他の生き物から区別されるような際立ったあり方が認められる。こうしたあり方こそ、古代ギリシアの哲学者アリストテレスが人間のことを〈理性的動物（ζῷον λόγον ἔχον、ゾーオン・ロゴン・エコン）〉と定義する場合に念頭に置いていたものである。ギリシア語で「理性」に相当する言葉はロゴスである。ロゴスには「言葉」や「比、割合」や「根拠、理由」などといった、きわめて幅広い意味がみられる。1対2や2対3などの割合も、古代ギリシア語では「ロゴス」という言葉によって示されるのであり、さらには、「ヨハネによる福音書」の有名な冒頭部分の「はじめにことばがあった、ことばは神とともにあった、ことばは神であった」という聖句における「ことば」も、古代ギリシア語では「ロゴス」なのである。裏返していえば、ロゴスという言葉は古代ギリシア人にとって、きわめて多様な領域や連関において身近であったといえる。これらはいずれも別々に切り離されているのではなく、むしろ一つの大きな連関のもとにある。それはすなわち、物事を筋道立てて考え、問題となっている事柄を一つ一つの要素に区別し、これらの要素を通覧することで、物事の本質を見定めたり、何を行うべきなのかを決定する、ということである。人間は言葉によって自らの思考や行為を導くのである。

古代ギリシア社会では、〈λόγον διδόναι（ロゴン・ディドナイ）〉ということがきわめて重視されており、アテナイであれ、スパルタであれ、あるいはそれ以外のポリスであれ、市民たる者が身に付けるべき当然の態度であるとされていた。この「ロゴン・ディドナイ」を日本語にすると、「理由を与える、根拠を示す」ということである。自分がこれから何をしようとしているのか、現にいま何をしているのか、なぜこれこれのことをしたのか、いずれの場合でも他の相手が納得できるような申し開きをすることが出来る、ということが古代ギリシア人にとってきわめて重要なことであった。だからこそ他ならぬギリシアにおいて、哲学という、物事の〈なぜ〉を問う営み、言い換えると、物事の原因や本質を探究する営みが成立し、発達したのであった。

理性はこのように人間を際立たせる根本的特徴をなすとともに、近代という時代を特徴付けるものでもある。近代ドイツの哲学者であるカントは、理性について他に類を見ないほど徹底的な考察を行った人物である。『純粋理性批判（*Kritik der reinen Vernunft*）』（初版一七八一、第二版一七八七）はカントの主著というべき書物である。カントはその中で、理性のことを「諸原理の能力（das Vermögen der Prinzipien）」（A299/B356）と規定し、さらに「諸概念を通じて、普遍的なものにおいて特殊的なものを認識する（das Besondere im Allgemeinen durch Begriffe erkenne）」（A300/B357）はたらきとして特徴付けている。それによれば、理性は何かを観察することや、観察した結果をまとめて規則化・法則化することに関わるのではなく、むしろさまざまな法則が導き出される際の基本となる出発点としての原理に関わる。「悟性の諸規則を諸原理のもとに統一化するところの能力（das Vermögen der Einheit der Verstandesregeln unter Prinzipien）」（A302/B359）という特徴付けは、理性が認識のはたらきを全体的に包括することを意味する。「統一」のはたらきこそ、理性の根本特徴をなすというのである。

さまざまなものを統一化し、一つのまとまりのもとへともたらすということは、一見ばらばらに見えるさまざまな事象のうちに連関を見出し、その連関を成り立たせる秩序を明らかにすることを意味する。このようなことは、個々の事象に直接かかわるよりもより高次の認識の段階を指し示している。「我々のあらゆる認識は諸感覚からはじまり、そこから悟性へと至り、そして理性で終わる（Alle unsere Erkenntnis hebt von den Sinnen, geht von da zum Verstande, und endigt bei der Vernunft）」（A298/B355）という有名な言葉は、人間の認識のうちに感性・悟性・理性という三つの段階があることを示している。カントはこのように語ることによって、およそ人間である限りでの誰にとっても理性という能力が本来備わっており、身の回りのものを観察するというごく自然なことから出発して、この能力を自らのものとすることが出来る、ということを言い表そうとしているのである。

理性的存在者としての人間は自由である——意志の自律

理性という能力は、認識のはたらきだけに関わるのではない。さまざまな規則や法則を統一化し、秩序付けるというそのはたらきは、行為の場面においても決定的な役割を果たす。だからこそ、カントは「理論的理性（die theoretische Vernunft）」のみならず、「実践的理性（die praktische Vernunft）」についても語るのである。ひとはさまざまな行為を行うにあたっても理性的なのであって、自らの理性にしたがって振る舞うのである。本当の意味でそのひとの行為であるといえるのは、当の本人が自分で行おうと考え、実際に行うことを決定し、あらかじめ考えたところに基づいて自ら遂行するものに限られる。

自ら望まないようなこと、なんとなくいわば無意識のうちにすること、他の動物と同じように本能に導かれるがままにすること、これらは本来的には行為とは呼ばれ得ない。子ども用のおもちゃでも対象年齢が設けられていたり、子どものすることに対して親が監督者として責任をもつというのは、子どもが十全な意味においては〈行為をする〉とはいえないからなのである。つまりその時その時に自分が何をしているのかを分かってはいても、それをなぜするのか、誰のためにするのか、何を用いてするのか、いつするのか、などといった複雑多岐にわたり絡み合う事柄を見通した上で何かを行うわけではない、ということなのである。人間に備わる理性という能力が十全に発揮されるには、カントが述べるように、まずは感覚の段階から出発して悟性へと至り、その上で理性にまで到達するようにして、次第に育んでいく必要がある。

カントの哲学は哲学のみならず、同時代の芸術や文化に対してもきわめて多大な影響を与えたが、それは主として道徳の文脈においてである。そのことはたとえば、フリードリヒ・フォン・シラー（Friedrich von Schiller、一七五九～一八〇五）やベートーヴェンの作品のうちに顕著に見て取れる。なかでも、〈自由〉を哲学の中心問題であるとして提示したのは、きわめて重要な洞察であり、それまでの哲学の歴史にみられなかったことである。理性が自由であるというのは、その活動が純粋な自発性に基づいており、自分自身に立脚して自分自身から発するようにして振る舞うのであって、他のいかなるものにも依拠しないということである。身の回りを取り巻くさまざまなものに左右されることなく、自らの考えるところにしたがって行為するということ、自らが打ち立てた原理や原則を堅持すること、カントが自発性ということで言い表そうとするのは、まさにこうしたことである。ここで『道徳形而上学の基礎付け』の言葉を引いてみよう。

「人間は自分自身のうちに現実に、ある一つの能力を見出すのだが、この能力によって自分自身を他のあらゆる事物から区別するとともに、自分自身から区別しさえするのだが、そのことは、諸対象によって触発される限りでのことであって、そしてこうした能力とは、理性（die Vernunft）のことである。理性は純粋な自己活動性（reine Selbsttätigkeit）としてみるならば、まさにその点において、悟性さえも超えるものである」（AA4, 452）。

〈自分自身からはじめる〉というのはきわめて当たり前のこと、何も特別な困難を伴うことのないものに思われるかもしれない。だが、〈私〉はこうした境地に至るまでさまざまな経験を重ねる必要があり、多くの過程を経てはじめて到達されるのである。

ひとはさしあたり今行っていること、今考えていることに注意を向けるだけにとどまり、それが何を目標としているのか、どのような規則や条件にしたがっているのか、どのような立場に立って行っているのか、ということにまで注意を向けるまでには至らない。こうしたこと全てをそれぞれ理解した上で、適切な仕方でそれぞれに対処することは、相応の経験を重ねたうえではじめて可能となる。

このことは、たとえば認識の場合、自然科学では何度となくさまざまな角度から実験を行い、検証をした上ではじめて仮説を立てることが可能であるということからも明らかであるし、また法律の場合、刑事事件で判決を下すことは、必要な証人や証拠をすべて集めたうえで、本当に証言や証拠として十分なのかということについて、何度も審理を行ったうえではじめて可能となることからも明らかである。また芸術の場合でも、本当の意味ですぐれた指揮者となるには、指揮する曲を隅々まで熟知しているとともに、演奏するオーケストラの弦楽、木管、金管および打楽器など、それぞれのパートについても特性や演奏者の個性を把握している必要がある。そのため、指揮者が円熟の境地に達するのは、個々の楽器の奏者よりもずっと後になってからのことがほとんどである。ヴァイオリンやトランペットやクラリネットなどの奏者がすでに引退するような年齢になってはじめて、融通無碍な演奏を繰り広げるようになる指揮者は決して稀ではない。

カントが自由という場合に特徴的なのは、〈意志〉としての側面を強調する点である。人間は何をしてもよいという意味で自由であるのではない。何でもしてよいというのは、気ままや勝手を意味するのであって、そのようなことは本当の意味では自由の名に値しない。そうではなくて、自分が何を行おうとしているかということや、何を目指してそうするかを理解し、自覚するというあり方こそ、自由の名に値するというのである。自らの自発性に基づいて自由に行為することはカントによれば、意志に基づいてなされる。カント哲学の入門書としての性格も備えている『道徳形而上学の基礎付け』の第三章の冒頭の箇所には、「自由の概念は、意志の自律を説明するための鍵である（Der Begriff der Freiheit ist der Schlüssel zur Erklärung der Autonomie der Freiheit）」という有名な表題が与えられている。その最初のところでカントは次のように述べる、

「意志とは、さまざまな生ける存在者（lebende Wesen）が理性的である限りにおいて、これらの生ける存在者の因果性の一種である。また自由は、こうした因果性という同じ特性であることになろう。なぜなら自由は、それを規定するような疎遠な諸原因に依存することなしに、作用することが出来るからである」（AA4, 446）。

ここに挙げた引用の中では、因果性がキーワードをなしている。因果性は、近代自然科学の基本法則の一つであり、原因と結果の関係を表すものであるが、カントによれば、感覚的存在者である限りでの人間に対しても、言い換えると、まだ本来の自己意識の境地にまで至っていない人間に対しても、その行為を規定付ける原因としての役割を果たす。平たくいえば、人間は生まれつきのまま、自然と

一体化したままのあり方においては、身の回りで生じるさまざまなことに流されるのであり、本当の意味で自分で何かをすることがない、というわけである。この場合、身の回りで生じることがそのひとの行為の原因となるのであって、当人自身が自分の行為の原因であるのではない。

だがこうしたあり方は、理性的存在者としての人間のあり方にはそぐわない。人間は理性的存在者である限り、他の何かによって存在するのではなく、自分自身によって行為することで存在するのであり、自分自身に立脚する。そうであるならば、人間には自然界にみられる因果性の法則とは別の法則が備わっており、この法則にしたがって理性的存在者として生きるはずである。

このように、自分で自分に対して自らの行動の原理や法則を与えるあり方のことを、カントは「自律（die Autonomie）」と規定する。自分で自分のことを律して、自分で自分に対して自らの行為の原理や原則を与えて秩序付ける、というのである。「自律」という言葉はもともと αὐτόνομος（アウトノモス）というギリシア語に由来する。そのもともとの意味は、「自分固有の法にしたがって生きる、独立している」というものである。カントによる次のような「自律」の特徴付けは、こうした語源を踏まえたものだといえる。

「意志の自由とは、自律以外の一体何ものであり得ようか、すなわち自分自身に対して法則であるという、意志の特性以外の一体何ものであり得ようか。『意志はあらゆる行動において自分自身にとって法則である（der Wille ist in allen Handlungen sich selbst ein Gesetz）』という命題は、『自分自身を普遍的な法則として対象とすることが出来るような、そういった格率以外の他のいかなる格率にしたがって行動することもない（nach keiner anderen Maxime zu handeln, als die sich selbst als ein allgemeines Gesetz zum Gegenstande haben kann）』という原理を示すに過ぎない」（AA4, 447）。

こうしてカントによれば、自由は、人間が自らに対して法則を自分で打ち立てるべきであるとされる。それも、普遍的なものとしての法則を、もっといえば、理性的存在者である限りでの誰にでも当てはまるようなものとしての法則を自分自身で立てるとともに、この法則にしたがって行為するべきだというのである。それぞれの個人が理性的存在者である限りで、自分自身の主観的な行動規則として打ち立てるものは「格率」と呼ばれる。こうした主観的な「格率」が同時に「普遍的な法則」というかたちで客観性を備えるようにすべきだというのである。この「自律」については後にもさらに別の角度から取り上げることになるが、ここでは、人間が本当の意味で自分自身として存在する、すなわち〈私は私である〉ということが成り立つために、決定的に重要な役割を果たしている点を確認しておこう。

カントによれば、自己意識は本来、〈私は何であるべきか〉について熟慮し、洞察することによって成り立つ。すなわち〈私は私であるべき〉なのである。このことのうちには、〈私〉の本質的なあり方と現実のあり方という、二つのあり方の間の区別が認められる。こうした二つのあり方の区別によってこそ、〈私〉は自分を取り巻くもののうちに埋没したり、流されることなく、いわば目覚めた仕方で生きるようになるのである。私は自らの本質的なあり方にしたがって自らの現実的なあり方を見つめ直し、本来あるべき通りに導くべきなのである。

理性的存在者は、自らをあらゆる実在性であるとして世界に向き合う

みてきたようにカントの場合、理性についてもっぱら理性的存在者としての人間に備わる能力として述べられており、この理性的存在者の自分自身に立脚したあり方に焦点が当てられている。だがそれだけにとどまらず、理性的存在者としての人間は、自らの内面を洞察し、身の周りを取り巻く外的なものから自分自身へと立ち返るのでもある。そうすることで、理性的存在者としての人間はその認識や行為のはたらきのうちに統一や秩序を与えることが出来るようになり、そのことにより、ふたたび世界に対峙する。理性的存在者は世界から背を向けるのではなく、むしろ世界の中に身を置くことによってこそ、法則や原理という普遍的なものを打ち立てることが出来るようになる。理性的存在者は世界に対して開かれていてこそ、本当の意味で〈私は私である〉ことが出来るのである。

自己意識の成立の場面では、〈内的なもの〉がきわめて重要な役割を果たす。だがひとは、自分自身を意識するというようにして生きるのであり、〈意識的な生を生きる〉というようにして生けるものに関わる。この点については前にみたところだが、今度は自らが関わるさまざまな対象を自らが打ち立てる法則のもとにとらえ返し、この法則のもとで新たな理解を獲得しようとする。

ここで今度はカントから目を転じて、ヘーゲルに目を向けてみよう。ヘーゲルの場合、理性的存在者としての人間にとって重要となるのは、世界のうちに身を置き、世界を理性的存在者にとってふさわしいような現実性としてとらえ返すことである。ヘーゲルは、世界に対する理性的存在者のこうした積極的な関係の仕方について、『精神現象学』の「理性」章で次のように言い表す。

「自己意識は理性としてみるならば、自分自身を確かなものとすることによって、世界に対する落ち着きを得たのであって、世界を甘受することが出来る。というのも自己意識は、自分自身を実在性として確信しているからである。別の言い方をすれば、あらゆる現実性は自己意識に他ならないということである。自己意識による思考のはたらきは直接的にそれ自身、現実性（die Wirklichkeit）である」（GW9, 132）。

「甘受する」ということは、あるがままのあり方を自ら認めるということである。理性は世界を作りかえようとしたりするのではなく、むしろあるがままに認める。なぜなら理性にとって、世界は異質なものであるのでは決してなく、かえって自分自身の反映に他ならないからであり、また世界においてこそ、〈私は私である〉ということが成り立つからである。理性は世界のうちにどのような仕方で身を置こうとも、常に自己意識的であり、自分自身がどのようなものであるかをとらえる。理性が世界に対してとるこうした態度は、理性の堅固な自己確信に由来するものである。こうした自己確信こそ、理性を特徴づけるものである。

理性的存在者としての人間は、理性という能力を手にすることによって、世界に存在するものをあるがままに受け止めたり、観察したりするだけの受動的な振る舞いや、もっぱら欲望に基づいて振る舞うことをやめ、自らが洞察した法則や原理こそ、世界のうちに存在する事物の本質をなすと確信している。「理性とは、あらゆる実在性であるという、意識の確信のことである（die Vernunft ist die Gewissheit des Bewusstseins, alle Realität zu sein）」（GW9, 133）というヘーゲルの言明は、こうしたあり方を定式化したものであるといえる。理性は、現実に存在するさまざまな事物をそれぞれのものたらしめるもの、普遍的なものを知っており、この普遍的なものに基づいて現実に存在するものへとはたらきかけようとする。以下では、このようなものとしての理性的存在者どうしの関係が一体どのようなものであるのか、ということについてみていこう。

第3章 〈個人が個人に向き合う〉ということとは

1 他の諸個人との関係

自己意識の普遍性——欲望、労働、共同社会

私が他のいかなるものでもないこの〈私〉であるのは、現実の世界においてである。私は現実の世界のうちに生きるものとしてこそ、〈私〉たり得るのである。自己意識について考える場合、こうしたきわめて自明なことが見落とされてしまうことが多い。だがまさにこうした基本的な点を看過してしまうならば、私は本当の意味で〈私〉であるとはいえないだろう。このことを裏返していえば、私は現実の世界で活動することを通じてこそ、本当の意味で〈私は私である〉といえるようになる、ということである。

とはいえ、このようにきわめて当たり前のことを一体どのように理解すればよいのだろうか。私は自分が行う活動を通じてこそ、私自身にとって本当の意味で〈私〉として存在する。だとすれば、私の他のいかなるものでもない〈このもの〉としてのあり方は、そのままそれだけで成り立つのではな

く、さまざまな条件を必要とすることが分かる。たとえば私が自宅の庭に小さな畑を作り、野菜や果物を育てようとする場合、そもそも栽培するために十分な広さの土地を所有している必要がある。さらには、野菜や果物が十分に成長することが出来るような、肥沃な土が必要となる。そのためにはさらに肥料が必要であるし、さまざまな農具も必要となる。こうしたものがなければ、私はそもそも何かを栽培することが出来ないだろう。このようにきわめて身近な事柄についても、多種多様な条件を必要とするのである。これらの条件を満たしてこそ、私は自分自身として存在するようになる。

このことが意味するのは、他のいかなるものでもない〈このもの〉としてのあり方が、実際には単に私だけに属するものなのではなく、普遍的なものである、ということである。人間としてこの世界に生まれてきた限りの誰もが、他に代えようのない〈私〉である。世界のうちに生まれ、活動し、生きる限り、〈このもの〉としてのあり方は誰からも奪い去られることはなく、また奪い去られてはならないはずである。〈私は私である〉ということが普遍的であることによってこそ、私は他の相手に対して、自分と等しい相手として関係し、振る舞うことが出来るのであり、世界のうちにあって共同の生活を営むことが出来る。

ヘーゲルは、自己意識にみられるまさにこうした普遍性を強調する。『精神現象学』の「自己意識」章では、「我々であるところの私、私であるところの我々（Ich, das Wir, und Wir, das Ich ist）」（GW9, 108）という有名な言葉が語られている。さらに、「理性」章の「B．理性的な自己意識の自分自身による実現」と題された節では、自己意識の普遍的なあり方について次のように述べられている。

「それ自体で普遍的であるような自己意識（ein an sich allgemeines Selbstbewusstsein）は、別の意識のうちにあって、自分自身にとって現実的であるのだが、そのことは次のようにしてそうなのである。すなわち別の意識が完全な自立性をもっており、言い換えると、それ自体で普遍的であるような自己意識にとって物（das Ding）〔である〕ようにしてそうなのであり、また普遍的な自己意識がまさにこのことにおいて、別の意識との統一を意識するとともに、こうした対象的な存在者〔本質〕とのこのような統一においてはじめて自己意識である、というようにしてそうなのである」（GW9, 194）。

ここに挙げた引用で注目されるのは、自己意識が向き合う別の意識が「物」と特徴付けられている点である。自己意識は世界のうちにあって生きていく中で、自分のさまざまな欲望を充足する必要がある。こうした欲望は自分だけではそのすべてを満たすことが出来ない。そのためには、必要なものを用意して、差し出してくれる相手を必要とする。

毎日の生活で当たり前のように使うものはいずれも、ひとが全部自分でつくり出すというのではなく、別の誰かがすでにつくったものを使用するのである。料理の食材の一つ一つもそうであるし、時計や鍵やかばんや服などの日用品もそうであるし、学校や仕事先に向かうために利用する自動車や他のさまざまな交通手段にしてもそうである。毎日の当たり前の生活を送るには、このように限りなく多種多様なものを必要とする。そのことは、これらのものを提供してくれる相手のそれぞれにとってもやはり同じである。このようにして、互いが互いを生きていく上で必要としている。しかもそれだけにとどまらず、相手が自分とは別の独立した存在者であり、自立的であることを認めることによってこそ、本当の意味で〈私は私である〉ようになるというのである。

ヘーゲルの『精神現象学』で特徴的であるのは、自己意識が成立するには「労働（die Arbeit）」を不可欠であるとする点である。ここで『精神現象学』第四章の「A. 自己意識の自律性と非自立性。主と奴隷（Selbstständigkeit und Unselbstständigkeit des Selbstbewusstseins; Herrschaft und Knechtschaft）」と題された節をひもとくならば、「労働とは阻止された欲望であり、引きとどめられた消失のはたらきなのであって、別の言い方をすれば、労働は形成するのである（die Arbeit〔…〕ist gehemmte Begierde, aufgehaltenes Verschwinden, oder sie bildet）」（GW9, 115）と述べられている。このことはすなわち、人間は生のままの欲望にしたがって生き、そのような欲望を満たすべきではなく、むしろ自らの活動によって変化を加え、自らに相応しいものとして加工した上ではじめて欲望を充足すべきである、ということである。

さらに注目すべきことに、「労働」は単に欲望の充足に関わるだけにとどまらず、「形成（bilden）」のはたらきを担うのでもあるとされる。私が行う労働それ自体もまた、人々が生きていく上で欠かすことの出来ないものを形成するのに与っており、そうしたものを提供することにつながるのだ、というわけである。私が〈このもの〉として自分自身に立脚し、自立的であるのは、「労働」を通じて自分で自分の必要を満たすことによる、というわけである。こうしたきわめて基本的な事柄は、ただ単に個人としての生活に関わるだけにとどまらない。のみならず、「労働」を通じて欲望の充足の対象となる物を産み出し、加工することは共同社会の成立に対して根本的な役割を果たすのでもある。ここでふたたび「理性」章の「B．理性的な自己意識の自分自身による実現」の次の言葉をみてみよう。

「実際、一つの民族の生活（das Leben eines Volkes）においてこそ、自己意識的な理性の実現（die Verwirklichung der selbstbewussten Vernunft）という概念は、その完全な実在性をもつのであり、すなわち別の者の自立性において、別の者との完全な統一を直観することは、その完全な実在性をもつのであり、言い換えると、私によって見出されているような、別の者のこうした自由であるような物としてのあり方は、私自身の否定的なもの（das Negative meiner selbst）であるのだが、このようなあり方のことを、私が私に対して存在すること（mein für mich Sein）というかたちで対象とすることは、その完成された実在性をもつのである」（GW9, 194）。

私が理性的存在者として自己意識を獲得するのは、共同体の一員として属し、生活することにおいてであり、共同体に属する別の者の自立性を認め、しかも「労働」を通じての欲望を充足することにおいて認めることによってである。この段階では、他の相手はあくまでも「自由な物的なあり方」であるとされており、私と同じような理性的存在者や自己意識として対象となっているわけではない。とはいえ、こうしたきわめて基本的な事柄のうちにこそ、個人と個人の相互関係がはじめて成り立つわけである。

労働による欲望の充足を通じての個人と個人の関係

私たちは普段生活する上できわめて多岐にわたるものを必要とする。例えば大学での講義でもそうである。椅子、机、黒板、チョーク、それからノートをとるための紙やペンあるいはノートパソコンなど、一つの講義が行われるためには少なくともこれらのものが必要であろう。さらには大教室ではマイクやスピーカーが必要かもしれないし、場合によってはスクリーンやプロジェクターを使用することもあろう。ただ単に教師が話をし、学生が話を聞くということだけでは十分ではないのである。いま挙げたいずれも、学ぶ側も教える側も自分でこれらのものを講義のために作るわけではない。そうではなくて、それぞれに専門の業者がいて、必要に応じて手配するといった具合である。ただ一つの講義をとってみても、このようにきわめて多くのものが欠かせないし、それぞれを用意してくれる誰かが不可欠である。

また映画は総合芸術であると言われるが、一人の映画監督だけによって作品が成り立つわけではない。そのことはたとえば黒澤明（一九一〇～九八）や、アルフレッド・ヒッチコック（Alfred Hitchcock、一八九九～一九八〇）や、スタンリー・キューブリック（Stanley Kubrick、一九二八～九九）のような、自己の意志をどこまでも貫徹させようとするような映像作家においてもそうである。『生きる』（一九五二）や『七人の侍』（一九五四）、『赤ひげ』（一九六五）であるとか、『裏窓』（一九五四）や『2001年宇宙の旅』（一九六八）などの作品は、隅から隅まで作り手の意志が一貫して脈打つ最たる例である。こうしたことはすでに撮影前の脚本の段階においてもやはりそうであり、各場面の舞台、小道具、衣装もそれぞれの専門スタッフが用意するし、撮影の際のカメラ、照明にもピントの調節や光量の調整などのために複数のスタッフが必要であり、各場面で演技する俳優の数も相当なものである。監督はこれらすべてをひとりで管理するのではなく、プロデューサーや複数の助監督がそれぞれ受け持ちの役割を担当する。たとえば、メインの登場人物については監督自らが演技指導を行うのに対し、それ以外の多くの人物については複数の助監督が演技を付けるといった具合である。

大学のようなアカデミックな環境や、芸術作品の制作現場に限らず、私たちの日常生活はどの瞬間を切り取ってみても、きわめて多くの人の手を介して成り立っている。すでに毎日の食事からしてそうである。自給自足の生活を営む農家であっても、すべてを自分たちだけで賄うわけではなく、たとえば肥料や家畜の餌などは他の農家や業者に依存することがほとんどである。私たちが日常行うような細々としたこと、何気ないことは、いずれも生活する上で必要不可欠なものばかりである。これらのものを欠くならば、生活が止まってしまうといってもいいくらいである。このことは、災害などの非常時を念頭に置くならば容易に納得できよう。そうでなくとも、電車が止まったり、冷暖房が故障したり、マイクやプロジェクターが不調であったりすると、講義が進まないということはおそらくは何度か経験したことがあろう。

ひとはたとえ〈理性的動物〉であるとしてもやはり生き物であることに変わりはないのであって、

細々とした日常の些細な事物が欠かせないのも、こうした理由に基づく。「個人の純粋に個別的な行為や営みはさまざまな必要に関わるのだが、これらの必要は個人が自然的存在者（Naturwesen）である限りにおいて、すなわち存在する個別性（seiende Einzelheit）である限りにおいてもつところのものである」（GW9, 194）というヘーゲルの言葉は、人間のこうした側面を言い表している。たとえ人間はその本質からして理性的存在者であるとしても、それと同時にやはり「自然的存在者」なのでもある。つまり人間は植物や動物と同じように、生きていく上でどうしても基本的な欲望を満たす必要があることに変わりはないわけである。このような側面もまた、人間を成り立たせるもう一つのあり方なのである。

注目すべきことに、個人が自分の必要を満たすことは、その個人だけにとどまらず、他のさまざまな個人の必要をも満たすことにつながる。さしあたりは、当人には自分のことしか念頭になく、他の者たちのことなど視野に入ってこないのであろうとも、やはりそうである。そのことは、家族の誰かが食事をつくることでもそうであるし、道路の工事や水道・電気の整備もそうである。あるいは自分が調べるのに必要なので図書館に購入してもらった本は、自分のためだけに役立つのではなく、他に同じ事柄や関連する事柄を調べる人たちのためにも役立つことになる。レポートや論文は、調べてまとめる者が自分のために作成するという側面もあるが、そこで示された結果が他の同じように学ぶ人たちに共有され、さらなる研究の出発点となる。あるいはそこまで行かなくとも、実験のための標本や試料の作成もまた、自分のためだけでなく、他の大勢の研究者が共有して利用することにつながる。

現在では世界規模となってすっかり当たり前となっているインターネットも、もともとは研究者の小さな領域の中で情報を共有し、それぞれの研究を推進するために開発されたものである。

ひとはこのようにして、自分の必要を満たすことによって、実は他の多くの個人と関係しているのである。たとえ日常の実際の場面ではそのように見えなくとも、自分のために何かをするというまさにその活動において、多くの個人との関係に立っているのである。『精神現象学』におけるヘーゲルの次の言葉は、こうした事態を鮮やかに言い表している。

「個人が自分のさまざまな必要のために労働することは、他の者たちの必要を満たすことであるのとまさしく同様に、その個人固有の必要を満たすことなのでもある。また個人が自分のさまざまな必要を満たすことを達成するのはひとえに、他の者たちの労働を通じてのことである」（GW9, 195）。

ひとはたとえ直接別の個人に向き合うことがなくても、生活する中で常に他の多くの個人との関係に立っているのであって、これらの個人の労働の結果として産み出されたものに多くを負っている。しかも、ただ一方的に恩恵を蒙っているのではなく、自分自身もまた労働することによってこれらの個人の必要を満たしているのでもある。たとえ自分の行っていることが具体的に誰のために役立つことになるか、ということは当人にはさしあたり分からないとしても、およそ理性的存在者であり、同じ共同体に属するのであれば、その中のいずれの者にも役立つ可能性がある。共同体という一つの大きな連関は、さしあたりこうした日常の何気ない活動の無数の結び付きから成り立っている。

個人が別の誰かのために役立つということは言い換えると、いわば自分を犠牲にするということである。ひとは自分のためだけに生きるのではなく、ともに属する共同体のうちに生きる他の者たちのためにも生きるのである。だからといって、そのことによって何かを失うのではない。ひとはそうすることでかえって、自分が生活するために必要なさまざまなものを手に入れる。このようにして、個人の労働はその個人だけのものではなく、普遍的なものなのでもある。個人は労働することを通じて、自分だけの領域から抜け出て、普遍性の領域に足を踏み入れるのであり、なおかつ、普遍性の領域において自分自身をとらえ返し、個人としてのあり方を高められたものとするのである。個人の労働が大きな連関のうちに位置付けられることについて、ヘーゲルは次のように述べる。

「個人は自らの個別的な労働においてすでに、普遍的な労働（ein allgemeine Arbeit）を無意識のうちに成就しているように、普遍的な労働を自らの意識的な対象（sein bewusstser Gegenstand）というかたちでまたもや成就しているのでもある。全体はまさしく全体として、個人の作品（sein Werk）となるのであって、個人はこの作品のために自らを犠牲にするのだが、まさしくそうすることで作品から自ら自身を取り戻してふたたび獲得する」（ibid.）。

このように、個人の労働は同時に「普遍的な労働」でもあるとされる。「普遍的な労働」はさしあたり個人に意識されることはないものの、労働を通じて意識されるようになる。ヘーゲルのこうした言葉は、人間を〈理性的動物〉であるとするアリストテレスの定義を踏まえつつ、その内包する意味を的確に表現したものといえる。アリストテレスは、人間が理性的であるのはポリス（πόλις、「都市国家」の意）という共同体を営んで生きるものであるからだと述べている。この考えに見られるように、高度に発達した行政組織や立法、司法などといった領域に限らずとも、日常のきわめて些細で卑近な事柄のうちにも理性の反映が認められるとする点は、改めて教えてくれることが多いといえよう。

本当の意味で〈理性的である〉ということとは

ひとは生きていく上で現実の世界に身を置いており、現実の世界において自己実現しようとする。このようにして現実の世界へと足を踏み入れる場合、一定の区別が入り込む。その区別というのは、ひとが理性的存在者である限りにおいて生じるものである。すなわち、ひとは自らの理性をはたらかせることによって、物事の真のあり方を見極めようとするわけである。

だがそういった真のあり方は、現実の世界や事物のうちにはそのままのかたちでは見出されず、むしろそこには何かしら不十分なもの、不満足なものがつきまとう。けれども物事は本来そういった不十分なあり方をすべきではなく、また不十分なあり方のうちにとどまるべきでもないのであって、ひとが理性によって洞察するような、本来あるべき真のあり方をすべきであろう。

私たちの普段の生活はさまざまな決まりごとによって成り立っている。だがだからといって、それらの決まりごとが必ずしも厳格に守られているわけではない。時と場合によって、その都度対応が変わることもしばしばである。たとえば中学や高校のような教育現場では、課題の提出や出席や校則など、さまざまな決まりごとが事細かに設けられているところも多い。それが大学になると、それぞれの授業で対応はまちまちであり、中学や高校よりもずっと緩やかになる。さらには社会に出ると、決まり事といっても時と場合によってはあくまでもかたちの上だけでのこと、不測の事態が生じる場合にだけ問題となるのであって、たとえば建物の工事が工期より遅れようと、役所への届け出に不備があろうと、出版予定の本の内容が当初の契約とは異なっていようとも、だからといって工事や届け出や出版そのものが止まってしまうのではなく、当事者どうしで相談のうえ必要な対応をとるならばそれで何とかなるのである。

こうしたことは、決まりごとを厳格に守り、適用しようとする立場からすれば決して容認出来ないことであるかもしれない。そうでなくても、本当はこうするのが正しいとか、こうする方がよいとか、自分なりの理解に照らし合わせて現実の世界のあり方を批判し、より正しいあり方、よりよいあり方を求め、実現しようとする動きも見られるかもしれない。もちろんこうした理解や動きにはそれなりの正当性が認められるし、理性的にものを考える人間であれば、誰でも自分なりの正義や善についての見方をもっているといえる。ひとは理性的に考えることで、現実のものごとのあり方をあるがままにとらえるのではなく、本来あるべき姿、真の意味であるはずの仕方や秩序というものをそれぞれに考え、〈思想〉として形成する。こうした〈思想〉の立場からするならば、現実の世界はきわめて不満足なものにしか映らないというわけである。

だが理性的な存在者である限りでの人間の自己実現は、そのような自分なりの理解や見方をそのまま現実化することを意味しない。なぜならそれは、あくまでもその個人に特有のものに過ぎないのであって、それ以外の個人もまたそれぞれに自分なりの見方を抱いており、それぞれが自分こそは正しい主張をしているとして、対立し合うことになるからである。むしろひとは活動することを通じて、現実の世界を自らにとって固有の場として獲得するとともに、自らにとって固有の場が同時に、およそ理性的存在者である限りの誰にとっても共通に開かれた場であるのを見出す。

ヘーゲルは、現実の世界を改善していこうとする「美徳（die Tugend）」と、あるがままの現実のあり方としての「世の成り行き（der Weltlauf）」を対比的に論じているが、「世の成り行き」そのもののうちに実は理性的なあり方が認められるとして、次のように述べる。

「意識はその闘争において、世の成り行きがそう見えるほどにはひどくない、という経験をしたのであった。というのも、世の成り行きの現実性とは、普遍的なものの現実性であるからである。こうした経験とともに、個人を犠牲にすることによって善を産み出すという、手段は消失する。というのも個体性こそ他でもなく、それ自体で存在するもの（das Ansichseiende）の実現であるからである。〔中略〕個体性の運動は普遍的なものの実在性である（die Bewegung der Individualität ist die

Realität des Allgemeinen)」（GW9, 213）。

ヘーゲルのこうした論述は、〈このもの〉としての理性的存在者と現実の世界との関係について、新たな角度から光を当ててくれる。すなわち現実の世界は、さまざまな個人の活動を抜きにしてそれだけで成り立つのではないのであって、本来はこうあるべきだとか、こうするのが正しいというような〈真〉や〈善〉といったものは、現実の世界を客観的に眺めて判定する際の価値や尺度をなすに過ぎないのではない。たとえ〈真〉や〈善〉が「自体的に存在するもの」であり、現実のあり方がどのようであろうと、そういったこととの関わりを抜きにしてもそれだけで望ましいものであろうと、それぞれの個人が活動し、自己実現することによってこそ、現実に存在するさまざまな事物を貫いて成り立たせる本質たり得るのである。

多くの個人が一つの共同体に属し、互いに生きていく上で必要なものを労働を通じて提供することによって補い合い、そうすることでそれぞれ自分自身のために生活するというあり方自体、ひとが理性的であることによってこそ成り立つのである。次に挙げる言葉は、まさにこの意味で理解することが出来よう。

「個体性の行為や営みこそ、それ自身に即した目的（Zweck an sich selbst）である。さまざまな力を使用することや、これらの力の発現の戯れは、さもなければ死せる自体的なもの（das tote

Ansich）であるような、これらの力に対して生命を与える。自体的なもの（das Ansich）は、遂行されることがなく、現実存在を欠いており、抽象的であるような、そういった普遍的なものであるのではない。むしろ自体的なものはそれ自身直接的に、個体性のプロセスのこうした現在であり、現実性である」（GW9, 214）。

理性的存在者としての人間は、誰もが理性的であるのだとして生まれついているが、現実の世界で活動することで自己実現することによってこそ、本当の意味で理性的たり得る。単に素質として備わっているというだけでは十分ではない。むしろ自己実現を通じて、自らの本質的なあり方を自ら確証する必要がある。そうすることによってこそ、現実の世界もまた〈理性的〉であるのだと見出すことが出来るようになるのである。

2　個人の自己実現と万人の行為

そもそも〈私〉は何者であるのか――〈私〉の根源的なあり方とは

〈私は私である〉ということは、ひとが生きている限り、その当人と切り離すことが出来ないような本質的なものである。だが、そこでいう〈私〉とは一体どのようなものであるのだろうか。そもそもひとが自分のことを〈私〉と呼び、ことさらに自分自身に向き合う場合、そこでいう〈私〉は果たして当人に対してどのようなものとして現れるのだろうか。まさにこのことが問われてくる。

このことを裏返してみるならば、ひとはそもそものはじめから自分自身が何者であるのかを知っているのではない、ということが分かる。そうではなくて、ひとは生きて活動する中で、自分が一体何者であるのかを自分自身に対してはじめて明らかにするのである。〈自己意識〉という場合の〈自己〉は、はじめから自明なものとして、あるいはすでに出来上がったものとして存在するのではなくて、むしろ自覚のプロセスの中ではじめてその何たるかが明らかとなるのである。

この点について、近代ドイツの哲学者フィヒテが『人間の使命』の第三巻で次のように語っていることが注目される。すなわちフィヒテによれば、「人間は、自らが何であるかということや、自分をそれへと向けてかたちづくるものについて知るのでなければならない」(GA I, 6, 300) というのである。それによれば、ひとは行為することを通じて、また行為が最終的に目指す目的としてはじめて、自らが何であるかを知ることが可能となる。それと同時に、ひとの本来的なあり方は、そもそも行為や活動の目的である以上、行為や活動に先立って予め何らかの仕方で当の本人にとって明らかとなっているのでなければならない。このことは矛盾を意味するようにみえる。だが実際にはそうではない。むしろ理性的存在者である限りでの人間は、身の周りを取り巻くさまざまな事物の本質を知ることが出来るのと同じように、自分自身についてもその本来あるべき姿を洞察することが可能であり、かつ洞察すべきなのである。

その一方でフィヒテは、自分がそもそも何者であるのかということは、人の洞察を超えるようなものである点も強調する。「私は、私の完全な規定〔使命〕の全体を把握することがない。私がなるべきところのもの、また私が存在するようになるところのものは、私の思考の一切を超えている」（GA I.6, 301）。ただしこのことは、ひとが自己認識を断念すべきであるということを意味するのではない。かえってひとはその生において、さまざまな活動を遂行することを通じて、自己についての理解や洞察を深め、そうすることで自らの生をよりすぐれたものとするよう努めるべきだというのである。

フィヒテのこうした主張は、理性的存在者としての人間のうちに、感覚的事物のうちに埋没しているような他の生き物を超えて高まるようなより高次のあり方を認めるものである。ただしフィヒテの場合、理性的なあり方と感覚的なあり方という、二つのあり方はあくまでも互いに対立し合っており、理性が感覚を支配し、自らの支配下に従属させるべきであるとされる。このようにみる場合、人間のいちばん基本的なあり方としての感覚的なあり方に対して、理性的なあり方へと高まっていくプロセスの出発点をなすことや、理性的存在者として活動し、労働を通じて他の理性的存在者と関係し合う際の基盤としての役割を果たすことが否定される。

これに対し、ヘーゲルは自己意識の成立に際して欲望や労働の意義を強調する。ヘーゲルがそのように主張するのは、理性と感覚を支配と従属の関係として理解するフィヒテの立場を批判し、理性の優位については同意しつつも、ひとが感覚的なあり方から理性的なあり方へと高まる自然な過程を積極的に評価しようとしてのことである。

ヘーゲルは理性的存在者である限りの人間を一個人としてみた場合、まさにその個人を個人であらしめるような、その個人に特有なもののことを「本性の根源的な規定性（die ursprüngliche Bestimmtheit der Natur）」と特徴付ける。「本性」とは、各人に生まれもって備わったものである。Natur というドイツ語は、英語の nature と同様、ラテン語の nascor という言葉に由来する。nascor は「生まれる」や「生じる」ということを意味する。つまり「本性」とは、各人にもって生まれたもののことなのである。

たとえばアリストテレスの『自然学（ΦΥΣΙΚΗ ΑΚΡΟΑΣΙΣ）』に示されるように、火は本来上の方に向かうようになっており、水や土は本来下の方に向かうようになっているというように、古代ギリシアの哲学者たちは、自然物にはそれぞれ固有のあり方が備わると理解していた。「本性」をめぐる哲学的理解は、こうした理解を背景としている。すなわち各人がどのような者であり、どのように考え、行動するのかは、こうした「本性」によって一定の仕方で方向づけられている、というのである。各人は「本性」によって、それぞれに独自の生き方をするように定められている。〈根源的に規定されている〉ということは、各人のこうした本来備わったあり方のことを指している。それぞれの個人が他の個人から区別され、その活動を通じて常に同一であり続けるゆえんは、こうした「本性」のうちにあるのだというのである。ここでもう一度、ヘーゲルの『精神現象学』の叙述に立ち返ってみよう。

「本性の根源的な規定性とは、単純な原理に他ならず、透徹して普遍的であるような境位（ein durchsichtiges allgemeines Element）である。個体性はこうした境位のうちにあって、自由であり続けるとともに、自分自身に等しくあり続けるのと同様に、妨げられることなくそのさまざまな区別を展開するのでもあって、なおかつ、個体性の実現において自分自身との純粋な交互作用（reine Wechselwirkung mit sich）である」（GW9, 216）。

ひとはそれぞれ、生まれも育ってきた環境も異なる。それに応じて、性格も気質もものの考え方もきわめて多様な違いを示す。農村と都会のいずれで生まれ育ったのかによって生活環境が全くといってよいほど異なるし、たとえば農家や大工や医者や教師など親の職業によっても、子どもがどのようなことに興味を抱くのかが異なってくる。ただ単に、生まれ育った環境がそれぞれの個人に一定の影響を与えるというのではない。そうではなくて、各人はそれぞれに置かれた環境に応じて、自分自身で自分のあり方や生き方を決めるのである。各人はこのようにして「自分自身との純粋な交互作用」を行っているのである。

なおかつ、各人はそのような自分自身の考えや決断にしたがって、自分を形成していく。たとえ「本性」によって、各人特有のあり方がすでに一定の方向性をもつものであるとしても、そのことは各人の自由を妨げることはない。むしろ「本性」は各人の生き生きとした活動を推進し、展開させる原動力なのである。だからこそ、各人は「自由であるとともに、自分自身に等しくあり続ける」のである。各人は自分自身の力で自分を形成するのであり、自らが目指すあり方を達成する。「個体性の実現において自らとの純粋な交互作用である」というのは、まさにこうしたことを意味する。

ことわざに「三つ子の魂百まで」とあるが、すでに古代ギリシアでも、イオニアの哲学者ヘラクレイトス（Ἡράκλειτος、前五三五頃〜前四七五頃）が「性格（エートス）はその人の守護神（ダイモーン）である（ἦθος ἀνθρώπῳ δαίμων）」（断片B119）と述べており、それぞれの個人がもって生まれたものがその個人を生涯にわたって導く役割を果たすものであるということを述べている。とりわけ古代ギリシアの社会では、「φύσις（ピュシス、本性）」や「φυή（ピュエー、生来のすぐれた能力）」という言葉に示されるように、個人が後から獲得したのではなく、生まれもって備わったものとして自らのうちに内包するものが重視されていた。そのことはとりわけ、オリンピア競技などの祝勝歌を歌い上げた詩人ピンダロス（Πίνδαρος、前五二二頃〜前四三八？）の作品に顕著に認められる。

ただ古代ギリシアでは、こうした理解が貴族や平民や奴隷といった身分の区別に結び付いていたのに対し、ヘーゲルの場合、そうした区別にかかわらず理性的存在者である限りでの誰にでも認められるものであるとされる点に違いがある。ヘーゲルに代表されるまさにこうした理解こそ、近代という時代が奴隷制からの解放を主張し、平等な市民社会の形成を促した原動力となるべきものである。十七世紀後半に起こった啓蒙思想の一連の流れは、まさにそのような文脈の中に位置づけられるものである。人間は理性的存在者である限り、誰もが本来、自由であるとして生まれついているのである。

個人はこうした自らにとっての根源的なものに導かれることによって、さまざまな活動を行い、自己実現を果たす。〈私は私である〉といえるのは、こうした「本性の根源的な規定性」のもとにとどまることによるのであり、かつとどまる限りにおいてである。

個人は行為することを通じて、自分が本来何であるかを知る

とはいえ、たとえそれぞれの個人にその個人だけに特有なものが根源的なものとして備わっているとしても、それが一体どのようにして自分自身のうちに備わっていることが当の個人にとって明らかとなるのかということや、果たしてそれが本当の意味でまさにその個人に固有なものであるといえるのはどのようにしてなのか、ということが問題となる。

ひとにはそれぞれ向いている事柄、自然と興味を抱く事柄がある。たとえば、幼い頃からピアノやヴァイオリンに触れ、すでに十代に入る前にプロの演奏家顔負けの腕前を示すということは、ヴォルフガング・アマデウス・モーツァルト（Wolfgang Amadeus Mozart、一七五六〜九一）などの作曲家や演奏家によくみられることである。スポーツでも同様に、小学生のころから、あるいはそれよりもずっと早い時期から、卓球やスケートやサッカーなどで才能を示すということもよくみられる。さらにはカール・フリードリヒ・ガウス（Karl Friedrich Gauss、一七七七〜一八五五）のように数学者として大成した人物の中には、きわめて早い時期から計算などに異常な才能をしめす場合も見受けられる。このように特別すぐれた才能の持ち主でなくとも、すでに小学生や中学生の頃から医師や消防士や裁判官を目指すということも見受けられるし、家族が代々営んできた農業や手工業を幼い頃から自然と身に付けて、そのまま将来の職業とするということもよくみられるところである。

だがたとえどれほどすぐれた才能であっても、あくまでも才能にとどまる限りはなお不十分である。なぜなら、それは単なる可能性にとどまるからである。そうではなく、才能は実際に発揮され、一定

のかたちをとって現実のものとなる必要がある。すぐれた能力は活動へともたらされ、かたちとなってこそその本来の意義を得る。すぐれた芸術家は、途轍もない作品を作り出せるという才能の片鱗を示すだけではなお不十分なのであって、実際にさまざまな作品の創作に従事し、一つ一つのすぐれた作品を産み出すようにして活動的であってこそ、もって備わる才能を本当の意味で発揮しているといえるのである。

ヘーゲルはまさにこの点を強調し、それぞれの個人のうちに本来的に備わる根源的なものが単に根源的なものにとどまるならば不十分であるとして次のように述べて、行動の必要性を強調する。

「意識に対して、意識が自体的にそれである当のもの（was es an sich ist）が存在するためにはひとえに、意識は行動しなければならない。別の言い方をすれば、行動することとはまさしく、精神が意識として生成すること（das Werden des Geistes als Bewusstsein）である。意識はそれゆえ、自らが自体的にそれである当のものを、自らの現実性から知る。個体はしたがって、行為することによって自分自身を現実性へともたらしてしまっているよりも以前には、自らが何であるのかを知ることが出来ない」（GW9, 218）。

ここで「自体的に（an sich）」といわれるのはヘーゲルの術後的な言葉遣いであり、個人に本質的なものとして本来備わっているようなあり方のことを指す。ただし素質というかたちで単に備わっているだけの段階にとどまってはならない。そうではなくて、当の個人にとって自らのうちに備わっているることが明らかとなるとともに、個人が自覚的にそれを自らのものとして獲得することが必要であるというのである。「〈意識が自体的にそれである当のもの〉が意識に対して存在する」とは、まさにこうしたことを意味する。このようにして、それぞれの個人が他のいかなるものでもないまさに自分自身であるということは、その個人の自己意識のはたらきによって成り立つ。別の仕方で表現すると、本当の意味で〈私が私である〉のは、〈私が私を知る〉ということによるのである。私の存在とは真実のところ、私の知に他ならないというのである

個人が自らの能力を発揮させるということは、その能力を一つのかたちへと結実させるということである。ピアノやヴァイオリンのすぐれた演奏家は、実際に曲を演奏することによって、自らがすぐれた演奏家であることを示すのであり、すぐれた建築家は、実際に家屋や高層建築物を設計して建てることによって、自らがすぐれた演奏家であることを示す。このことはたとえば、水道管の修理工や線路の保安夫や自動車の整備士などのような技師や職人の場合でも同じである。あるいは子どもが数学や理科や英語や体育など、学校の授業ですぐれた学習能力を示すのも、実際の授業や試験を通じてである。

行為がこのようにかたちとなったもののことを、「仕事（das Werk）」と特徴付けられる。「仕事」は一連の労働の結果として生じたものであり、労働がどのようになされてきたかという、それまでの経緯を映し出すのでもある。またただ単に映し出すというだけでなく、労働が現実に一定の形態と

なって現れ、結実したものでもある。ヘーゲルは「仕事」のことを次のように特徴づける。

「仕事とは、意識が自分自身に対して与える実在性のことである。仕事とは、個体がそこにおいて自らに対して、自らが自体的にそれである当のもの（das, was es an sich ist）であるところのものである。またその結果として、個体が自体的にそれである当のものは、意識にとっては仕事のうちに生じるのだが、意識は特殊な意識（das besondere〔Bewusstsein〕）であるのではなく、むしろ普遍的な意識（das allgemeine Bewusstsein）なのである。意識は仕事一般において、自分自身を普遍性の境位へと打ち立てたのであり、存在という、規定性を欠いた空間（der bestimmtheitslose Raum des Seins）へと打ち立てたのである」（GW9, 220）。

個人はこのようにして自らの行為を「仕事」へと結実させることを通じて、自分自身のあり方を高めるのでもある。個人は他の諸個人から切り離されたものとしての「特殊な」あり方のうちにとどまるのではなく、かえって普遍的なものとしてとらえ返される。それぞれの個人は自らの「仕事」を通じて、他の個人に対して開かれているのである。「仕事」は、それを現実のものへと至らしめた当の個人だけのものではなく、理性的存在者である限りの誰にとっても近付くことのできるような、いわば共有財産となっている。個人が「普遍性の境位」へと歩み入っているということは、まさにこうしたことを意味する。

個人の仕事は同時に万人の事柄でもある

個人が「仕事」を現実の世界へともたらすということは、一方では先にみた「本性の根源的な規定性」ということでいわれるような、その個人に本来備わっている根源的なものを「仕事」のうちへといわば刻印し、そうすることで自らのうちに備わっているものを単に素質としてとどめたままにしておくことなく、現実のものとなし、顕在化することである。

それと同時に、個人は自らの「仕事」を通じて他の諸個人との関係のうちに立つのでもある。「仕事」はその個人だけのものではなく、他の多くの個人にとっても意味をもつものとなる。たとえば幼稚園や小学校で卒業制作として壁を塗ったりすることがある。その壁は、ただ単に後の代の園児や生徒たちが使用するというだけにとどまらない。塗られた壁やそこに描かれた絵は、卒業する園児や小学生たちがそこに帰属するということをかたちとして示すのでもあって、壁は園児や小学生たちが帰属するということを、過ぎ去り行くものとしてではなく、とどまるものとして証する。文字通りその個人の顔が見えるような、近しい間柄でなくとも、道路や橋のような構造物、米や野菜などの農作物、楽曲や絵画や映画などの芸術作品、あるいはレポートや卒業論文であっても、かたちとして現実のものとなったものは、それを産み出した個人がどのようなものであるかを示しており、それぞれのもののうちに刻印する。

このようにして「仕事」が他の諸個人にとっても共有物となり、現実に存在するものとして一定の意義を得ることによって、「仕事」そのもののうちにより高められたあり方が認められる。ヘーゲルはこれを「事柄そのもの（die Sache selbst）」と特徴付け、「現実と個体性の浸透」であると言い表す。「事柄そのもののことを、個体性と対象性の対象のかたちとなった浸透そのものとしてみた場合、事柄そのものにおいては自己意識に対して、自分自身についての真の概念（sein wahrer Begriff von sich）が生じている。別の言い方をすれば、自己意識は、自らの実体の意識（das Bewusstsein seiner Substanz）へと立ち至っている」（GW9, 223）。個人はそれぞれの「仕事」を作品という対象的なものへと具体化し、結実させることで、「事柄そのもの」のうちに自らに本来備わったあり方が反映されているのを見出す。個人はいわば「事柄そのもの」のうちに自分自身を再確認するに至るのである。「自己意識にとって、自分自身の真の概念が生じている」とは、まさにこうした事態を言い表す。個人は対象的なものとなった「仕事」を通じて、自分自身についての理解を獲得するのである。

もちろん他の個人からすれば、ある個人が自らの「仕事」をかたちにするまでに果たしてどのような過程を経てきたのかということや、それまでどのような経験を得たのかということは、さしたる問題とはならない。なぜなら、他の個人にとって関心事となるのは、あくまでもかたちとなったものであり、自分たちの活動のために利用出来るものであるのだから。

だがそもそも「事柄そのもの」が成り立つには、それぞれの個人が自分の活動や行為を普遍的なものへと高めることが必要であり、こうした普遍的な境地に立脚してこそ、それぞれが互いの「仕事」に対して「事柄そのもの」として関わることが可能となる。次に挙げる文章は、こうした事情について述べたものである。

「意識は、〔行為することと事柄という〕両側面のことを、等しく本質的であるような契機として経験するとともに、こうしたことのうちに、事柄の本性とは何であるかということを経験する。すなわち〔事柄の本性は〕行為すること一般や個別的な行為のはたらきに対立するような、そういった事柄に過ぎないのでもなければ、存立することに対立するような、そういった行為に過ぎないのでもなく、〔中略〕むしろその存在が個別的な個人と一切の個人の行為（das Tun des einzelnen Individuums und aller Individuen）であるとともに、その行為のはたらきが直接的に別の諸個人に対して存在するような、そういった本質である。そして事柄は、万人それぞれの行為のはたらき（Tun Aller und Jeder）というかたちでのみ存在する。このような本質とは、あらゆる本質の本質（das Wesen aller Wesen）であり、精神的な本質（das geistige Wesen）である」（GW9, 227）。

それぞれの個人はこのようにして、たとえ別の個人に直接向き合うのでないとしても、自らの領分であるさまざまな活動を行い、使命を果たすことによって、そうした活動を通じて、また活動によってかたちとなったものを通じて別の個人に向き合う。各人が行う行為はその当人だけに関わるに過ぎないのではなくて、他のあらゆる個人に関わるものなのでもある。事柄が「各人それぞれの行為のはたらき」であるとは、まさにこのようなことなのである。

ある個人がなす行為においては、事柄を通じて個人どうしの関係が成り立っている。事柄は、当の個人にとってだけの本質だけであるにとどまらず、この事柄に関わるあらゆる個人にとっての本質なのでもある。だからこそ、ヘーゲルは「本質の本質」や「精神的な本質」と言い表すのである。このような関係において互いを認め、同じ現実の世界に属するのだとして承認することによってこそ、理性的存在者どうしの共同体が成り立つ。次章では、そのような共同体についてみていくことにしよう。

第二部　自己意識はどのようにして成り立つのか――〈私が私である〉ために必要なものとは

第4章　〈この私〉は同時に普遍的でもある

1　社会の基盤としての人倫

共同体に属するものとしての〈私〉とは――諸個人の本性としての「精神」

これまでの考察では自己意識について、もっぱら個人としてのあり方自体に注目して論じてきた。〈私は私である〉ということが一体どのようにして成り立つのかということを、感覚のはたらき、知覚や経験、欲望や労働、また労働を通じての自己実現といったものに即してみてきた。その際、〈私〉が別の個人に対して関わる場面についても触れたが、その場合、個人が直接個人に向き合うというようにしてではなく、〈私〉が活動する中でそのはたらきや所産を通じて間接的なかたちで別の個人が登場したのであった。

とはいえ、〈私〉は現実の世界のうちに生き、活動するのであって、そうすることによってこそ本当の意味で〈私は私である〉ようになる。だとすれば、〈私〉が立脚する現実の世界とはそもそも一体どのようなものであるのか、ということが問われる。

ただ単に、一方に〈私〉というものがあり、もう一方に現実の世界があるというのではない。〈私〉と現実の世界の間の関係性は、そのように偶然的なもの、副次的なものなのではない。むしろ〈私〉はその本質からして、現実の世界に属している。なおかつ、〈私〉は現実の世界に属する限りにおいてのみ、自分自身として存在することが出来る。〈私〉は現実の世界に根差すようにしてのみ、〈私〉自身たり得るのである。

このようにして〈私〉の存在は本質的に、共同体に属するものとしてのみ理解される。そのことについてはすでにみたように、古代ギリシアの哲学者アリストテレスが「人間は理性的動物である」と定義した通りである。アリストテレスはその上で、人間が「理性（ロゴス）」をもつということは同時に「社会（ポリス）的動物」である、すなわち一つの共同体に属して生活するものであるとしている。〈共同体の中に生きる理性的存在者〉ということはそれ以来、ヨーロッパ的人間理解の基本線をなしている。

〈私〉が日常買う何気ないもの、例えばコンビニで売っている温かいお茶や弁当、授業で使用するために、あるいは気晴らしのために買う本や雑誌、通勤・通学のために購入する定期券からして、流通や鉄道網や管理システムがなければ利用することは出来ないし、大学の教室や映画館や文化ホールは、講義や上映プログラムや上演スケジュールが組まれていなければ利用することが出来ない。国道や県道や市道、あるいは高速道路が整備されていなければ、目的地へと速やかに移動することが出来ない。私たちが日頃何気なく恩恵にあずかる便利さの数々も、社会の大きな連関の中に置かれており、この連関から外れてそれだけで存在することが出来ない。もし仮に連関から外れるならば、たちどころに滞ってしまい、立ち行かなくなってしまう。地震や台風などの大きな災害の場合にインフラの復旧が優先されるのも、一人ひとりの市民が普段通り生活するには、こうしたものなしにはやっていけないからである。

個人はその本質からして共同体に属している。ヘーゲルもまたこうした洞察に基づいて、自己意識について論じる。主著の一つである『精神現象学』が執筆される直前の時期にあたる一八〇五〜〇六年にかけて書かれたと推定される、『体系構想Ⅲ（*Jenaer Systementwürfe III*）』と呼ばれる講義草稿が残されている。『体系構想Ⅲ』では、個人の本来的なあり方としての共同体への所属・帰属について注目すべき議論が展開されている。その中の「精神哲学（Philosophie des Geistes）」では、個人間の相互承認や契約、法、国家について議論がなされている。その中で、国家について特徴付けを行う箇所で、個人のあり方について次のように述べていることが注目される。

「国家は富としてみるならば、個別化された定在〔一定のかたちの存在〕（das vereinzelte Dasein）が止揚されていることであるとともに、定在〔一定のかたちの存在〕における自体的なもの（das Ansich im Dasein）が止揚されていることや、人格の純粋な自体的存在（das Ansichsein der Person）が止揚されていることでもある。人間は、その定在や存在や思考をひとえに法律のうちにのみもつ。法律は自らを絶対的な威力として知るが、この威力は同様に富なのでもある」（GW8, 253f.）。

ここで「国家」が「富（der Reichtum）」であるというのは、「国家」がただ単に政治的なものとしてだけでなく、経済的・社会的なものとしても理解されることを示している。すなわち「国家」はヘーゲルによれば、人々がその中で生きて活動し、それぞれの労働を行い、その所産としての生産物によって互いの欲望を満たすような領域をも含み込んだものとして理解される。それと同時に、「国家」において支配的であるのは「法律（das Gesetz）」であるとされる。人々が行う一切や、組織や制度そのもの、またそれらの活動もまた、普遍的な規則や決まりとしての「法律」に則り、その規範や拘束力に適う限りでのみ、認められるというのである。「法律」が「絶対的な威力」であるとは、こうしたことを言い表す。

この場合注意すべきことに、個人がただ単に「国家」に従属するというのではない。もし仮にそのように理解するならば、個人の自由な活動は制限されたものに過ぎないことになろう。そうではなくて、それぞれの個人は「国家」に属するようにしてのみ、かつ属するものとして活動する限りでのみ、その意義を得るのである。「国家」は個人の活動を制限し、拘束するのではなく、むしろ反対に、そこに根差すことによって生き生きと活動的であることを可能たらしめる。個人は共同体に根差し、立脚することによってこそ、はじめてそれぞれの仕方で自由に活動することが出来るようになるのである。ヘーゲルはこのようにして、共同体に属する諸個人を貫いてまさにそれぞれの個人として現実的たらしめるもののことを「精神（der Geist）」と特徴付けて、次のように述べる。

「精神とは諸個人の本性（die Natur der Individuen）であり、諸個人の直接的な実体であるとともに、諸個人の運動や必然性である。精神は、諸個人の定在における人格的な意識であるのと同様に、諸個人の純粋な意識なのでもあり、諸個人の生命なのでもあり、諸個人の現実性なのでもある」（GW8, 254）。

これによれば、精神は個人の人格としてのあり方をも、その生命や現実のあり方や自発的な活動をも、さらには個人の純粋なあり方をも包括するような本質的なものとして理解される。それぞれの個人の他のいかなるものでもない〈私〉としてのあり方も、〈私〉としての現実のあり方も、さらには〈私〉が本来ある純粋なあり方も、いずれも「精神」によって成り立つのであって、それ以外のいかなるものにもよるのではない。

右に挙げた引用では、生き生きとして活動的な個人がそこに根差すような本質のことが、「実体（die Substanz）」と特徴付けられている。『精神現象学』の書名にもある「精神」は、まさにこうしたもののことを言い表している。同書の「精神」章では、「精神とは人倫というかたちでの現実性（die sittliche Wirklichkeit）である。精神とは現実的な意識の自己（das Selbst des wirklichen Bewusstseins）である」（GW9, 238）というようにして、精神について述べられている。すなわちそれによれば、精神はそれぞれの個人が共同体において存在し、活動する際の本質的なあり方として特徴付けられる。精神とは、それぞれの個人が共同体の中で活動するにあたって、各人を自分自身であらしめるような本質である。だからこそ、「現実的な意識の自己」と語られるわけである。

個人の自由と自立性の獲得は、共同体において実現される

自己意識は、他のいかなるものでもないまさにその個人に固有なものとして属するとともに、その個人が生きて活動することを成り立たせる基盤としての共同体に属しているのでもある。〈私〉の個人としてのあり方は、社会から切り離されたものとして存在するのではない。個人を意味する言葉は、英語では individual に当たる。この individual という言葉はもともと、ラテン語の individuum に由来する。この individuum という語は字義的には、in（〜ない）＋dividuum（分けられた）、すなわち「分けられないもの、分離されないもの」を意味する。それによると、individuum はそれ以上に分けることのできない最小の単位であり、家族や友人や社交サークルや政治結社や職業階層や身分などのような、集団の一員としてよりもただ一個の存在者としてみられたもののことを指すと理解される。

だがヘーゲルによれば、〈個〉がまさに〈個〉たり得るのは、そういったさまざまな集団から切り離されて孤立することによるのではなく、むしろそれらの集団を包括し統一するものとしての共同体の一員として存在する限りにおいてである。ヘーゲルが「精神」を「実体」として特徴付ける場合には、まさにこうしたことを念頭に置いている。「実体」は古代ギリシア以来、大ざっぱにいえば〈それ自身によって存在するもの〉や〈持続的・恒常的に存在するもの〉のことを意味している。

そもそも「実体」に相当する古代ギリシア語の言葉は οὐσία（ウーシア）である。もともと οὐσία は、

「存在する、ある」を意味する動詞 εἶναι（エイナイ）の現在分詞・女性形である。ひとが生きていく上で〈持続的・恒常的に存在するもの〉として挙げられるのは、たとえば土地や財産などがそうである。土地をもとにして家や建物が建築されたり、さまざまな作物が栽培されたり、産業が興されたりすることが可能となる。また財産をもとにして商業活動を展開したり、政治活動を行ったり、学校などの教育施設を設立することが可能となる。個々の具体的な事物や事柄や活動などは、このような〈持続的・恒常的に存在するもの〉を基盤とすることで可能となるのである。このようにして、「実体」はさまざまな特定の具体的な存在を成り立たせるような、根拠や原因として理解されてきたのであった。

ヘーゲルに言わせると、個人もまさにそのように、「精神」に根差すことではじめて本当の意味で存在するというのである。しかも「実体」としての「精神」は、個人自身およびそのさまざまな活動、および活動を通じての別の個人に対する関係といった一切を貫いている。『体系構想Ⅲ』の次の言葉は、まさにこうした意味で理解される。

「このようにして、精神は至るところで絶対的な威力（die absolute Macht）である。絶対的な威力はそれ自身において生きており、かつ自分自身に対して、自分自身をこうしたものとして直観することを与える〔のでなければならない〕のであり、言い換えると、自分自身を目的とする」（GW8, 254）。

注意すべきことに、「精神」それ自身が当の精神にとって目的とされているからといって、個人が閑却されているのではない。「精神」はかえって「それ自身において生きている」のであって、「精神」に根差す個人を生き生きとしたものとなすのであり、それぞれの活動へと向かわせる。すぐ続く箇所ではそのことについて、個人が自分を維持するはたらきとの関連で次のように述べられる。

「〔精神を〕力（Gewalt）としてみた場合、個別的な者（der Einzelne）だけが目的であり、言い換えると、個別的な者という抽象的なものだけが目的である。個別的な者が自分を維持すること（seine Selbsterhaltung）とは、個別的な者の生命の有機化（die Organisation seines Lebens）であり、一つの民族の精神（der Geist eines Volks）であるが、ここでいう精神は自分自身を目的としている。精神の概念とは、さまざまな個別的な者の完全な自由と自立性における普遍性のことである」（ibid.）。

「精神」が諸個人の一切を貫くということは、諸個人の活動を制限したり、押さえてとどめることを意味するのではない。むしろ反対に、「精神」は個人に対して自由と自立性を与え、保証するのであり、それぞれが自分自身に立脚して、自らの理解や洞察にしたがって行為し、自らの目指すところを実現することを支えるのである。

個人はこのようにして、共同体のうちに位置付けられたものとしてみた場合でも、どこからどこまでも自己意識的なものとして理解される。すなわち、自分がどのようなものに属しているのか、自分がそこで何をすべきなのか、あるいは何をすることが出来るのか、さらには何をしてはいけないのか、個人はこうした一切を自覚しているのである。

このようにみるならば、個人が「精神」によって貫かれている場合、〈知〉という契機が決定的に重要な役割を果たすことが分かる。純粋に学問的、哲学的に思考する場面でなくとも、市民として生活し、活動する上でも、それぞれの個人は自分が何のために活動しており、何を目指して生きているかを知っているのであって、〈知〉がその一切を担い、支えているのである。ここでさらに『体系構想Ⅲ』の「精神哲学」から次の言葉を引いてみよう。そこでは目的ということについて次のように述べられている。

「普遍的な形式となるのは、個別的なものが普遍的なものとなるという、こうしたことであり、普遍的なものが生成することである。だがこうした生成のはたらきは、盲目な必然性（eine blinde Notwendigkeit）であるのではなく、むしろ知によって媒介された必然性（durchs Wissen vermittelte 〔Notwendigkeit〕）である。別の言い方をすれば、各人はこうした生成のはたらきに際して、自分自身にとって目的なのであって、すなわち目的からしてすでに、動かすもの（das Bewegende）なのである。それぞれの個別的な者が直接的に原因なのであり、それぞれの関心がそれぞれを駆り立てる。だがそれと同様に、普遍的なものこそ、それぞれの個別的な者にとって妥当するものである」（GW8, 255）。

ここでは「個別的な者」、すなわち個人と「普遍的なもの」、すなわち共同体の関係について述べられている。「普遍的なもの」の生成は、それぞれの個人の自己目的的な活動と別のものであるのではなく、むしろこうした活動を通じて立ち現れる。一見すると、個人はそれぞれ自分なりの関心を抱いており、各自の関心にしたがって行動しているように見受けられる。だが個人の関心自体、実際には「普遍的なもの」によって貫かれているのである。「普遍的なものが個別的な者にとって妥当する」とは、まさにそのようなことを意味する。

諸個人と精神をめぐるヘーゲルによるこうした発言の背景には、ヘーゲル自身の確信がある。ここで、「精神哲学」の前年に書かれた講義草稿である『体系構想Ⅱ（*Jenaer Systementwürfe II*）』（一八〇四〜〇五年）から一節を引いてみよう。そこでは、「精神」が次のように特徴付けられていることが注目される。「精神は他なるものへ（das Andere）と関係付けられているのだとして、自分自身を定立するのであり、すなわち自分自身のことを、自分自身の他なるもの（das Andere seiner selbst）として定立し、自分自身のことを無限（unendlich）であるとして定立し、そうすることによって、自分自身に等しい（sich selbst gleich）のだとして定立する」（GW7, 173）。ここでは、「精神」においては他のものに対する関係が実際には自己関係としてとらえ返され、自分自身が自分自身にとって他のものとなることが示されている。一見すると異質であったり、無関係に見えるようなものであっても、実際には「精神」を成り立たせているものなのであり、「精神」がそれ自身として存在するために不可欠なものである。「精神」はこうしたものへと関係することで、本当の意味で「精神」として存在する。

共同体における個人の位置付けとその活動――普遍的な意志と人倫

個人はそれぞれ自分がどのように生きるのかを自分で選択し、決定する。どのような職業に就くのか、どのような場所に住むのか、どのような相手と結婚して家庭を築くのか、どのようにして財産を増やすのか、これら一切はその個人自身の決定次第であり、この決定に他人が干渉したり、妨げたりすることがあってはならない。個人のこうした主体的なあり方は、その個人が属する共同体によって保障されており、確立されている。共同体が「実体」であるというのは、個人の主体性にもとづく生を保ち支える役割を果たすことを意味する。

だがそれだけにとどまらない。その共同体自体どのようなあり方をするのか、そこに住まう市民がどのように生活を安定して送ることが出来るのか、どのようにして発展を遂げていくのか、こうしたことについて、共同体自身が自ら決定する必要がある。共同体はそれ自体が一つのまとまりをなす統一体なのであって、それぞれの個人と同じように、自らのあり方を自分自身で主体的に決めるのである。

諸個人が属する共同体はそれ自体が一つの個体として理解されるということ、ヘーゲルはこのことを共同体の〈意志〉としてとらえる。それぞれの個人がばらばらに自分なりの生活を送るだけでなく、そうした生活のうちに一見ばらばらにみえる諸個人を統一するとともに、一つの方向性のもとに整えて、導くはたらきが存在するというのである。ここで少し長くなるが、『体系構想Ⅲ』から次の一節を引いてみよう。

「普遍的なものとは、民（Volk）のことであり、諸個人一般の集合体（Menge der Individuen überhaupt）のことであり、定在する〔一定のかたちで存在する〕全体（daseiendes Ganzes）のことであり、普遍的な威力のことである。普遍的なものは、個別的な者にとって克服され得ないような強さをもつとともに、個別的な者の必然性であり、押さえ付けるような力である。またそれぞれの者がその承認された存在にしたがってもつ強さとは、民の強さである。

だがこうした強さは、一なるものへと結び付けられている限りでのみ、効力を有しており、意志としてのみ効力を有する。普遍的な意志（der allgemeine Wille）とは、万人それぞれのものとしての意志（der Wille als Aller und Jeder）であるが、意志としてみるならば、端的にいって、この自己（dieses Selbst）以外の何ものでもない。普遍的な者の行為は一なるもの（ein Eins）である。普遍的な意志は、自分自身をこうした一なるものへと集中させる必要がある」（GW8, 256f.）。

共同体は、それ自体一つの〈意志〉を備えたものとして理解される。諸個人のさまざまな営みが交差し、複雑に絡み合うだけにとどまらず、こうした交差や絡み合いを統御するものとして、共同体のうちに方向性を決定する力が備わっているというのである。こうした主体的なあり方のことがここでは「この自己」として言い表されている。他のさまざまなものとは区別される、他でもない〈このもの〉としてのあり方が「この自己」のもとに意味されている。こうした力が諸個人に対して強制力をもったものとして登場するのは、個人の自由な活動を抑圧するためではなく、むしろ反対に、個人の自由な活動が妨げられることなく、安定してなされるようにするためである。

このようにみた場合、それぞれの個人は「諸個人一般の集合体」の一員である限り、こうした「集合体」としての共同体にふさわしいあり方をすることが求められる。もっといえば、それぞれの個人は普遍的なものとしての共同体に適合するような、普遍的なあり方をすることが求められる。ヘーゲルはこのことを「教養形成（die Bildung）」として言い表す。教養という言葉は、ラテン語の cultura あるいは cultus という言葉に遡る。cultura は「耕す」ということを意味する colere という動詞から派生した語であり、土地を耕すことによって果実や作物などが豊かに実ることが可能となるように、人々の間で広く共通する生き方や習慣やものの考え方を身に付け、自分のものとすることで、その社会や文化の中で活動することが出来るようになるまで自分を養い育てること、このことが cultura の意味するところである。英語の culture はこうした意味を cultura から継承している。

ドイツ語の Bildung も同じように、ひとが自分を形成し、社会や文化の見方・考え方・生き方などを身に付けて自分のものとすることを意味する。「教養形成とは一般的にいって、自らの直接的な自己を放棄すること（Entäußerung seines unmittelbaren Selbsts）である」（GW8, 254）というとき、それぞれの個人が自らを共同体の一員として自覚的に形成し、そうすることで互いに対してそれぞれの自由と自立性を認め合う市民として振る舞う必要性が意味されている。「放棄」といってもこの場合、「自己」そのものが捨て去られるべきであるというのではない。そうではなくて、自分だけに通用して他の人には認められることのないような、特殊な癖や態度やものの見方を捨て去って、自らの振る舞いや考え方を他の人によっても認められるような一般的なものへと高めることを促しているのである。

それぞれの個人は、共同体に属する限りで市民としてふさわしいあり方、振る舞い方が求められる。こうしたあり方や振る舞い方を身に付けることではじめて、互いに対等な関係を築くことが可能となる。なおかつ、社会で活動するに際してこうしたあり方や振る舞い方をすでに身に付けていることが前提とされている。ヘーゲルは、それぞれの個人が共同体において身に付けているべき本質的なもののことを「人倫（die Sittlichkeit）」と特徴付ける。何が正しいのか、何が悪いのかということや、あるいは何をなすべきであり、何をなすべきでないのかといった、正邪や善悪に関わるような道徳的な規範ではなく、一市民として振る舞うにあたって誰もが当然身に付けているべき基本的なあり方のことが、「人倫」という言葉のもとに言い表されている。

このように「人倫」という場合、〈当然～である〉とか、〈本来～のはず〉といったように習慣・慣習という側面がきわめて強い。こうした側面についてはすでに古代ギリシアにおいて、アリストテレスが『ニコマコス倫理学』第二巻第一章で「倫理的な徳（ἡ ἠθικὴ ἀρετή、ヘー・エーティケー・アレテー）は習慣（ἔθος、エトス）から結果として生じる」（1103a17）と述べている通りである。ヘーゲル自身、独自の共同体論を構想するにあたって、古代ギリシアのポリスを範にとっている側面がきわめて大きい。

それぞれの個人が人倫的に振る舞うということは同時に、自らの自立性について自覚を深めることでもある。個人は自立した市民である限り、自らがとるべき振る舞い方の規範を他の誰かに教えられることによってはじめて知るのではなく、自分自身で知っており、自分自身で適切な振る舞い方がどのようなものであるかを熟慮し、それに基づいて振る舞う。ヘーゲルは、人倫を通じての個人の自覚の深まりについて次のように述べる。

「より高次の抽象が必要なのであって、より大いなる対立や教養形成や、より深い精神（ein tieferer Geist）が必要なのである。こうしたものとは、人倫の領域（das Reich der Sittlichkeit）のことである。それぞれの者が慣習（die Sitte）なのであって、普遍的なものと直接的に一体である。〔中略〕それぞれの者は自分自身のことを直接的なかたちで、普遍的なものであるとして知る。すなわち、それぞれの者は自らの特殊性を断念するのであり、それも自らの特殊性そのものを、この〈自己〉（dieses Selbst）として知ることなしに断念するのであり、本質として知ることなしに断念する」（GW8, 262）。

このようにしてそれぞれの個人は生まれつきのままのあり方を抜け出て、自分だけの考え方やものの見方、癖などを放棄して、広く一般に通用するような態度や振る舞い方を身に付けるように求められる。だとすれば、「教養形成」を通じて共同体に対して開かれたものとなった個人が行う行為とは果たしてどのようなものであり、またそれが一体どのような意味をもつのかということがさらに問われる。次節ではこのことについてみていくことにしよう。

2 〈この私〉による行為の意味とは

個人は自分のあり方を放棄することで自分のあり方を真に獲得する

個人は共同体において自己実現する。個人が本当の意味で自分自身として現実的に存在するのは、さまざまな活動を通じて他の諸個人に開かれていることによってである。こうしたことのうちには、個人が次第に自らのあり方を変えて新たなあり方をするようになる、ということが含まれる。しかも単に新たなあり方をするというだけにとどまらない。のみならず、個人は活動を通じて、自らが本来ある通りのあり方をするようになるのでもある。このことはとりもなおさず、個人の自己実現を意味する。

ここで注意すべきことに、個人が自分の本来あるはずのあり方を実現するということは同時に、それまでのあり方を自ら放棄するということでもある。すなわち新しいあり方を身に付け、そうしたあり方に立脚してさらなる活動を行うためには、もともと備わっていたその個人だけの振る舞い方や態度、ものの見方を改めて、一般に通用するようなかたちのものへと改める必要があるわけである。こうしたことについては、先に「教養形成」ということについて述べたところである。

共同体における個人の自己意識の形成はこのように、新たなあり方の獲得という側面と同時に、それまでのあり方の放棄という側面をも兼ね備えている。たとえば次のことを考えてみよう。子どもが進学するとき、小学校と中学校、あるいは高校の場合ではそれぞれの段階で異なる振る舞い方が求められる。そのことは、友達との付き合い方や、クラブ活動や部活動、授業などそれぞれの場合でもそうである。どのような校則が定められているにせよ、あるいは一部の学校にみられるようにそもそも校則が撤廃されている場合にせよ、そうした規則とは別に、文字で書かれてはいなくとも求められるような暗黙の了解というものが存在しており、そうした暗黙の了解に慣れて遵守するように自ずと求められる。またそれぞれが住む地域でもやはり、生活の決まり事や約束事とでもいうべきものがあって、町内会の会則のようなものが定められていようと、あるいはそうでなかろうと、ごみの出し方なり、季節の祭りなり、冠婚葬祭なり、各自が自ずと了解してそれにしたがって生活するように求められる。

こうした決まり事や約束事は、慣れ親しんだところではいわば当たり前のこととなっており、ことさらに意識されることはないものの、引っ越して新たな場所で生活を始める場合、それまで当たり前であった決まり事との違いからはっきりと意識されるようになるものである。

個人がそれぞれの段階でその都度所属する集団の決まりごとを了解し、それに従って生活することで慣れるということは、単に個人やその振る舞いを制限することを意味しない。なぜなら集団はいわばそれだけで単独に存在するのではなく、そこに諸個人が実際に帰属し、その中でそれぞれに独自の仕方で活動し、そうすることで互いに対する関係を構築するとともに、それぞれの場合・事情に適合するように決まり事や約束事を変更し、是正する、というようにして成り立つからである。諸個人によるこうした形成と変容のプロセスを抜きにしては、いかなる集団といえども硬直したものや死せるものに過ぎないであろう。それぞれの集団であれ、これらの集団を統一するものとしての共同体であれ、それらはいずれも諸個人がそれぞれの仕方で活動し、生活する場なのであって、そうした活動や生活の営みを欠くならば、絵に描いた餅に過ぎないのである。

こうした点を強調したのは、他でもなくフィヒテやヘーゲルといった人物である。フィヒテの場合、『ドイツ国民に告ぐ（*Reden an die deutsche Nation*）』（一八〇七）の中で、十八世紀までヨーロッパで支配的であった機械論的な国家体制を鋭く批判し、そこには組織を動かす最初の原動力が欠けており、空虚であるにすぎないと喝破する。

ヘーゲルについていえば、個人と共同体の間にみられるまさにこうしたダイナミズムを強調する点に、彼の思索の特徴がある。ヘーゲルによれば、個人が共同体に自覚的に帰属するようになる過程は、「自己意識の固有な放棄と非本質化（die eigene Entäußerung und Entwesung des Selbstbewusstseins）」（GW9, 264）であると特徴付けられる。すなわち個人は、それまでのあり方を自ら脱ぎ捨て、それとは別の一般的なあり方を自分自身にとって本質的なあり方であるとして獲得しようする、というのである。

ここでいう「放棄」は、単に否定的なもののことを意味しない。そのことについてはヘーゲル自身、こうした放棄が同時に個人の「教養形成」（GW9, 267）であるとすることからも理解される。個人が新たなあり方を身に付けるのは、そうすることによって共同体に対して積極的に関与し、自分に与えられた役割や自らの使命に応じて、たとえどれほど些細なものであろうと、共同体のさらなる発展に何らかのかたちで寄与するためである、というのである。だからこそ、ここでいう「放棄」は「固有な」放棄なのである。

このようにして個人が共同体に通用する決まり事や約束事によって貫かれるだけにとどまらない。共同体もまた、このようにして共同体に帰属する諸個人によって貫かれる。ヘーゲルは、『精神現象学』の「B．自らにとって疎外された精神。教養形成（Der sich entfremdete Geist; die Bildung）」の箇所で、こうした事態について次のように述べる。

「こうした世界の精神とは、自己意識によって浸透された精神的な本質（das von einem Selbstbewusstsein durchdrungene geistige Wesen）である。自己意識は、このように自分自身に対して存在するもの（dieses für sich seiende）してみた場合、自分自身に対して直接に現前しているとともに、本質のことを現実性であるのだとして、自分自身に対置されたかたちで知る。だがこうした世界の定在、および自己意識の現実性は次の運動にもとづく。その運動とはすなわち、自己意識が自らの人格性を放棄し、そうすることで自らの世界を産み出すとともに、疎遠なものとしての世界に対して、自分がいまやこの世界を自らのものとするのだ、というようにして振る舞うというものである」（GW9, 267）。

注目すべきことにここでは、個人がそれまでの自らのあり方を放棄するということが同時に、「自らの世界を産み出すこと」であるとされている。それぞれの個人が属する世界は、誰のものでもないようなものとしての世界なのではなく、むしろそれぞれの個人自身にとっての世界なのであり、なおかつ、個人自身の活動の成果として立ち現れたものなのである。だからこそ、それぞれの個人は世界を異質なものとして見なすことに立ち止まらずに、自分のものとして獲得するのである。

といっても、それぞれの個人にとって別々の世界が存在するというのではない。そうではなくて、個人は世界のことを自分がそこに帰属する当のものとして知るようになるのである。このことを言い換えると、個人は自分が身を置くべき本来の場所を見出して、そこに実際に身を置くようになるのである。個人が自らの新たなあり方を獲得するのも、世界を「自らの」世界として「産み出す」ことによってのみ達成されるのであり、しかも〈知る〉というはたらきにおいて達成される。このようにしてこそ、世界は「自己意識によって浸透」されるのである。

さらに、個人はこのようなプロセスを介して、他の諸個人に認められるようになる。友人も恋人も家族も、個人はそれぞれの段階へと踏み出す中で新たに獲得するのであり、サークルやバイト先の先輩や後輩もさまざまな活動を行う中で出会うのであって、そうした多くのひととの関係にあってこそ、多様な活動を実際に行うことが出来るようになる。

古くからヨーロッパには、「友のものは自分のもの」であるとか、「愛する相手はもう一人の自分」ということわざがみられる。すでにプラトンの対話篇の中にも、こうした言葉が語られているのが見出される。とりわけ、『パイドロス（ΦΑΙΔΡΟΣ）』と『饗宴（ΣΥΜΠΟΣΙΟΝ）』における愛についての演説は印象的である。またヘーゲルとはテュービンゲンの神学校以来友人であったヘルダーリンの作品に『ヒュペリオン（*Hyperion*）』（第一部一七九七、第二部一七九九）があるが、その中でもこうした古代ギリシア的な理解の共鳴が随所に認められる。

個人の活動はたとえどのようなものであっても、多くの相手とのこうした関係のうちに常に位置付けられるのであり、その個人だけにとって存在するに過ぎないのではない。「自己意識はこのようにして、自分自身を普遍的なものとして定立するのであって、なおかつ、自己意識のこうした普遍性こそ、自己意識が妥当することであり、その現実性である」（GW9, 267）というヘーゲルの言葉は、まさにこうしたことを言い表している。個人は他のさまざまな個人と関わり合うことを通じて、自分自身を「普遍的なもの」として位置付けてとらえ返すのであり、さらには、他の多くの個人にとってまさにそのようなものとして存在するのであり、なおかつ、まさにそのようなものとして認められるのである。このようなあり方こそ、個人が他のさまざまな個人との関係において獲得するところの、現実のあり方である。

教養形成とは——自然的なあり方から自らを高める必要性

自己意識とは、〈自分とは一体何者であるか〉ということを自分自身でかつ自分自身に対してとらえることである。ここでいう〈何者であるか〉ということは、それぞれの個人自身の本質的なあり方を言い表す。ひとは誰でも、自分自身に固有な〈何者であるか〉ということに支えられることで存在するのである。

けれども注意すべきことに、こうした本質的なあり方はさしあたり、まさに本質的なものとして存在しているわけではない。このことは非常に奇妙な事態を示しているといえる。個人はそれぞれに他の個人とは区別され、他のいかなるものでもない〈私〉として存在するのであって、そのことは生まれながらにしてそうであるはずである。だが人間が自己意識的であり、理性的存在者である限り、ただ単に〈生まれながらそうである〉というだけではなお不十分にとどまるのである。それは一体なぜだろうか。本質的なあり方が個人のうちに素質としてすでに備わっているだけで十分ではないのだろうか。

こうした問いは、近代という時代が自己意識的なものとしての人間をどのように理解しているのか、という問題に密接に関わる。すでに古代ギリシアにおいて、〈人間とは理性的動物である〉と定義付けられていることについては先に述べた。この定義によれば、人間は理性を備えているという点で、他の動物よりも卓越していると理解される。だが近代的理解にしたがうならば、人間は単に他の動物よりもすぐれているだけにとどまらない。そうした比較の次元を超えて、人間はそもそも動物を含めた自然に対して支配的な関係に立つのだとされる。デカルトが〈我思う、ゆれに我あり〉ということを、哲学を含めたあらゆる学問的な認識の確実な基礎として据え、そうすることで近代数学や物理学の展開を可能にしたことは、自然というものが明晰・判明な観念に基づく認識によって秩序付けられ、計測可能なものとされることへと通じている。

自己意識的な人間と自然の間をめぐるこうした近代的な理解は、ヘーゲルの思索にも通底する。その場合注意すべきことに、ヘーゲルは自然が人間の支配の対象であると主張しようとするわけでは決してない。『精神現象学』では自然について主題的に論じられていないものの、その直前の一八〇四年から翌年にかけて書かれた講義草稿である『体系構想Ⅱ』の中の「自然哲学（Naturphilosophie）」では、「自然とは、自分自身に対して関係するところの、絶対的な精神である（die Natur ist die sich auf sich selbst beziehende absolute Geist)」（GW7, 179）とされている。それによれば、普遍的な境地における自己意識としての「精神」と「自然」の両者は互いにとって別々のものであるのではない。

さらにいえば、「精神」と「自然」は、一方が支配し他方が従属するというようにして上下関係にあるのでもない。そうではなくて、同じ『体系構想Ⅱ』の「形而上学」では、「自然とは、自らを実在化する精神の最初の契機（das erste Moment des sich realisierenden Geistes）である」（GW7, 178）と述べられている。こうしたところを踏まえるならば、「自然」はそれ自体、精神が成立するプロセスの中に位置付けられるのであり、したがって、〈私は私である〉ということにとって積極的な役割を果たすものとして理解される。

ただし注意すべきことに、「自然」が普遍的な境地における自己意識としての「精神」にとって、その成立に不可欠なものであるとしても、そのままのあり方において積極的な位置付けを与えられるのではない。反対に、〈そのままのあり方〉というものこそ、乗り越えられるべき当のものであり、克服されるべきものであるとされる。

ヘーゲルによる「自然」をめぐるこうした理解は、個人の「教養形成」の問題においても同じように貫かれる。すなわちそれぞれの個人は、自らを共同体において認められるようなものとするために、生まれもったあり方から自分自身で離れ、立ち去るのでなければならないというのである。第3章の2では、「本性」という、それぞれの個人にもって生まれたものについて述べたが、実は「本性」も「自然」も、ドイツ語では同じNaturという言葉で表されるし、英語でも同じようにnatureという言葉で表される。たとえどれほどすぐれた素質が生まれもって備わっていようとも、そうしたものは素質にとどまる限りなお十分とはいえない。そうではなくて、ひとは自分自身で自らの素質を現実のかたちへと形成する必要があるのである。「教養形成」を意味するドイツ語のBildungはまさにこうした個人の自己形成のことを言い表している。ここでふたたび『精神現象学』の言葉を引いてみよう。「個人がこうした場合に妥当することであるとか、現実性をもつのは何によるかといえば、それは教養形成である。個人の真の根源的な本性や実体とは、自然的な存在からの疎外という精神(der Geist der Entfremdung des natürlichen Seins)である」(GW9, 267)。

ここで「疎外」という言葉は、元のドイツ語ではEntfremdungという。このEntfremdungという語は字義的には、〈疎遠fremdであるようになる〉という意味である。すなわち個人は、生まれもったもの、もともと馴染んでおり、自明であるようなものから自ら距離をとり、そこから抜け出して新たに別のあり方をするようになる必要があるというのである。疎遠になることが可能であるのは、すでにそれまでの間慣れ親しんできたものだけである。そもそも無関係なものであるならば、そこから距離を取りようがないだろう。このようにしてこそ、個人は本当の意味で〈自分が自分に向き合う〉ようになるのである。

こうした「疎外」は、否定的な性格をもつだけにとどまらない。のみならず、個人はみずからの「自然的な存在」から抜け出ることによって、そうしたあり方によって覆い隠されていた自らの本来的なあり方を自覚し、それを現実のものにしようと努める。意識するということは、対象から距離をとって、しっかりと向かい合うことによってはじめて十分な仕方で可能となる。それぞれの個人はこのようにしてこそ、〈自らとは何者であるのか〉ということを自ら自身に対して明らかにするとともに、明らかにされた本質的なものを本当の意味で自分自身のものにすることが可能となる。次に挙げる言葉は「疎外」におけるこうした積極的な側面について述べたものである。

「こうした放棄（diese Entäußerung）は個人の目的であるのと同じように、個人の定在〔一定のかたちの存在〕なのでもある。こうした放棄は同時に手段でもあり、言い換えると、思考された実体（die gedachte Substanz）が現実性へと移行することであるとともに、その逆に、規定された個体性（die bestimmte Individualität）が本質性へと移行することでもある。このようなものとしての個体性は自分自身を教養形成することによって、自らが自体的にそれである当のもの（das, was sie〔d.i. die Individualität〕an sich ist）へと至らしめる。かつそうすることではじめて、個体性はそれ自体で存在するとともに、現実的な定在をもつ。個体性は教養形成をもつその程度に応じて、現実性や力をもつ」(ibid.)。

ここにみるように、それぞれの個人が一体何者であるのかは、このようなものであると予め示されるだけでは不十分である。たとえそうしたものが「自体的」なものであり、すなわち、素質として個人のうちに備わっているとしても、個人は「教養形成」を通じて自らのうちに備わっているものを確証しなければならない。こうした自己確証によってこそ、個人は自らの本質的なあり方の通りに現実に存在するのである。

個人の教養形成は共同体の現実化でもある

諸個人が属する共同体は、組織として確立されており、さまざまな制度を定めている。このようなものとしての共同体は堅固なものである、諸個人は、こうした堅固なものに根差すことではじめてそれぞれの活動を妨げられることなく展開することが出来るようになる。先にみた引用で「思考された実体」と述べられる場合、共同体に備わるこうした堅固さや堅牢さのことが言い表されている。また、ここでいう「実体」が「思考された」ものであるのは、諸個人が共同体をまさにそのようなものとして認め、その上に立脚することによる。

そうはいっても、こうした堅固なものはただ単にそれだけで存在するのではない。そのことは、大きな災害や非常事態などのために通常の生活が妨げられる場合にはっきりとするだろう。すなわちこうした場合には生産や物流が停止するため、欲しいものも必要なものも買うことが困難であるし、そもそも店舗に人員がいないために店が閉まっていることがほとんどである。電気や水道などのインフラが停止するならば、たとえ自宅やその中の部屋が無事であったとしても、そこでいつも通りの生活や仕事を行うことは非常に難しいであろう。また私たちはこの数年ほどの新型コロナウィルス感染症の流行の中で、通常通りの大学での学習・研究活動を行うことがいかに困難となっているかを痛感させられている。以下に堅固な組織や制度といえども、その中で活動する人物や実際の活動を欠くならば、それだけでは空虚で脆弱なのである。

このようにみるならば、個人の活動が共同体やそのさまざまな組織の存続や発展のためにきわめて重要な役割を果たしていることが分かる。組織や制度といえども、そもそもはじめから自明のものとして存在していたのではなく、そこに属する者たちによって定められ、さまざまな活動が展開されたのであって、それ自体が活動の産物であり成果なのである。そのような過程を経てこそ、堅固なものはまさしく揺るぎないものとして認められ、実際に存在するようになる。ヘーゲルは個人の活動性にみられるこうした重要性を強調し、それが同時に「実体の実現」でもあるとして次のように述べる。

「個人の力は次のことのうちに、すなわち、個人が自分自身を実体にふさわしいものとなすことに、すなわち、個人が自らの〈自己〉（sein Selbst）を放棄することのうちに、それゆえ自分自身のことを、対象のかたちをとった存在する実体（die gegenständliche seiende Substanz）となすことのうちに成り立つ。個人の教養形成および個人に固有の現実性はしたがって、実体そのものの実現（die Verwirklichung der Substanz selbst）である」（GW9, 268）。

ここでは、「個人が自らの自己を放棄する」という事態が言い表されている。だからといって個人の自己意識が失われてしまうというのではない。そうではなくて、個人は自分が自分自身だけのものなのではなく、自分が立脚し、そこに根差す基盤としての「実体」に属しており、同じく「実体」に属する他の諸個人のものでもあることを自覚し、こうした洞察に基づいて自らを普遍的な境地へと高めることによってこそ、本当の意味で自分自身のものとなる。別の仕方でいえば、個人は自己否定を介してこそ、かえって本当の意味で自分自身として存在するようになるのである。

第5章　現実と内面の世界

1　世界を道徳的に価値づけること

理性の時代としての近代――普遍的な法則を見出すこと

近代は一般に、理性（英語：reason、ラテン語：ratio）の時代と特徴付けられる。理性とは、ものごとを合理的に考え、行為する能力のことである。合理的であるということは、物事を一定の筋道立った仕方でとらえ、一定の秩序のもとにまとめることである。自然を観察する場合、観察の対象となる植物の成長過程や、風力の大きさや方向などを一定の法則のもとに理解することが目指されるし、また道徳的な振る舞いや社会的制度や規範が問題となる場合、どのような生まれや身分の者にも例外なく当てはまるような普遍的な規則を定めることが目指される。

いずれの場合でも、〈理性的である〉ということは、普遍的な規則や法則を見出すということであり、普遍的な規則や法則のもとに一切のものごとがあるのを見出そうとすることであるといえる。それぞれの個人の道徳であれ、社会や共同体であれ、国家であれ、いずれの領域においても重要であるのは、どのようなものごとにでも普遍的に当てはまり、人間である限りでの誰にでも当てはまるような規則や法則である。ひとは誰でも、人間として生まれている限り、理性的に考え、振る舞う能力を本来備えており、またそのように考えたり、振る舞うことが求められている。近代という時代を貫く根本理解は、まさにこのようなものだといえる。

近代哲学の出発点としてのデカルト——知性的認識と明晰判明な観念

ここでひとまず、理性をめぐる近代哲学の出発点に立ち返ってみよう。デカルトが〈我思う、ゆえに我あり（cogito ergo sum）〉という言葉のもとで言わんとするのは、人間は誰でも生来、ものごとを明晰判明な観念において理解するための素質を備えており、一定の規則のもとにその知性が指導されるならば、ものごとをその真理において洞察することが可能である、ということである。デカルトによる人間的知性のこうした新たな理解は、とりわけ『精神指導の規則（*Regulae ad directionem ingenii*）』（一七〇一）に明らかであり、主著である『省察（*Meditationes de prima philosophia*）』（一六四一）や『哲学原理（*Principia philosophiae*）』（一六四四）においてその哲学的原理が打ち立てられるとともに、近代数学や物理学の基礎が提示されている。

デカルトの哲学で問題となるのは主として、人間的能力の中でも最もすぐれたものである知性（英語：intellect、ラテン語：intellectus）とその認識のはたらきである。デカルトによれば、人間はその知性を働かせることで、より明晰判明な仕方で認識し、ものごとについて明晰判明な観念を獲得すればするほど、まさにそのことによって、自らの生をよりすぐれた方向へと高めることが可能である。

だが理性的存在者としての人間には、もう一つ別の高次の能力が備わっている。その能力とは意志（英語：will、ラテン語：voluntas）のことである。とはいえ、意志が何かを欲し、決断し、行動へと向かうことのうちには、一体どのようにして知性に対応するような普遍的なはたらきが認められ得るか、ということについて、『省察』の第四省察での真と偽をめぐる議論を別にすれば、デカルト自身は積極的に語っていない。こうした問題を問うことは、後に続く思索家たちに委ねられることになる。

スピノザの哲学──一切は必然性のもとにある

バルーフ・デ・スピノザ（Baruch de Spinoza、一六三二〜七七）はデカルトの思索を受け継いで独自の仕方で発展させたが、注目すべきことに、他ならぬ主著である『エチカ（*Ethica ordnine geometrico demonstrata*）』（一六七七）において、意志の問題について表立った仕方では論じていない。むしろ同書で主題的に論じられているのは、人間がその生において混乱した感情や情念から解放され、その知性のはたらきを研ぎ澄ますことによって、明晰判明な観念をますます獲得し、そうすることで永遠の相のもとに事物を観想し、至福となることが出来るのはどのようにしてであるか、ということである。

スピノザは、一切のものごとが必然性のもとに置かれていると主張する。自然界のうちにある事物やそのさまざまな運動や作用が物理学で示されるような普遍的な法則にしたがう、というだけにとどまらない。のみならず、人間が物事を考え、何かを感じ、行動することの一切も実際には必然性のもとに服しているのであって、本当の意味では自分自身から何かを行うとはいえない、というのである。

こうした主張の背景にあるのは、〈唯一実体〉としての神という、彼の哲学原理である。実体（英語：substance、ラテン語：substantia）とは、それ自身のうちに存在し、それ自身によって存在するもののことである。スピノザによれば、それ自身によって存在するといえるのはただひとり、〈能産的自然（natura naturans）〉としての神だけであると理解される。それ以外のものは一切、自分自身によって存在するのではなく、また自分自身で何か別のものに対して働きかけるのではなく、むしろ〈唯一実体〉の必然性にしたがって存在するに過ぎないというのである。

このことから帰結するのは、人間には「自由意志（liberta voluntas）」というものが認められない、ということである。『エチカ』第二部定理四十八では、そのことについて次のように明確に述べられている。

「精神のうちには、いかなる絶対的な意志も存在しないし、すなわちいかなる自由意志も存在しない。そうではなくて、精神はあれこれのことを意志するようにと原因によって決定されるのであって、さらにこの原因は、別の原因によって決定されており、別の原因もまたさらに別の原因によって決定されており、またこのようにして無限に続く」（E2P48）。

人間が物事を考え、行為するのは、実際には自発性に基づくのではなく、周囲を取り巻くさまざまなものに認められる必然性を洞察し、この必然性に沿って振る舞うことによる。スピノザによれば、人間が目指すべき究極的な目的は、自らを取り巻く一切や当の自ら自身が真実には、唯一実体の必然性に基づくような普遍的な法則にしたがっている、ということを明確に認識することであり、自分自身もまたこうした普遍的な法則のもとにある、ということを明らかに理解することである。その意味で、人間的生は認識のはたらきによって完成するということが出来る。

だがスピノザのこうした理解に対して、すでに同時代からきわめて多様な角度から批判や反論がなされてきた。とりわけ、意志のはたらきや自由に対して積極的な位置付けが認められない点は、意志に積極的な意義を認めるキリスト教的な立場から批判がなされてきたのであった。

カント――人間は自らに対して普遍的な法則を立てることによって自由である

近代は理性の時代であると同時に、自由の時代でもある。とりわけ十八世紀の後半以降、自由こそが理性的存在者としての人間にとって何よりも重要なものであるとして掲げられるようになった。そのことを、哲学の立場から確立するにあたってきわめて重要な役割を果たしたのがカントである。カントの重要な功績としてまず挙げられるのは、主著の一つである『純粋理性批判』において感性・悟性・理性という人間的認識能力について徹底した吟味を行い、古代ギリシア以来の伝統的理解に根本的な見直しを迫ったことである。

だがそのことと並んで、あるいはそれ以上に重要であるのは、〈自由〉というものを哲学上の根本問題として掲げたことである。それまでの哲学的議論においても、自由についてさまざまな角度から考察がなされてきた。そのことは、すでに古代ギリシアの哲学においてもそうであるし、とりわけプラトンやアリストテレスなどの著述にも認められる。だが、カントが踏み出した一歩は決定的な重要性をもつものだといえる。それはすなわち、人間の本質は自由のうちにあり、人間は自由であることによってこそ、他の一切の生き物から区別される際立った位置付けを占めることが明らかとなるのであって、さらには、〈自由である〉ということこそ人間的生において目指すべき目的である、というものである。

カントが自由について主題的に論じているのは、『道徳形而上学の基礎付け』および『実践理性批判』の二書である。とりわけ後者は、狭い意味での道徳の領域にとらわれることなく、人間という理性的存在者がその生においてどのようなものであり、何を目指して生きており、かつ生きるべきであるかについて包括的な視点から論じている。ここでは、自由を本質とする人間がどのようなものとして理解されているかについて、『実践理性批判』に即してみてみよう。

人間が自由であるということは、カントによれば、〈自律〉（Autonomie、アウトノミー）ということのもとに理解される。〈自律〉という言葉はもともと〈自分で自分自身に対して法を与える、自己立法する〉という意味の古代ギリシア語に由来する。カントがそのことで言わんとするのは、各人がどのように振る舞い、何を行うかについては、各人自身が自分自身で決定し、決断するということである。しかもそれだけではない。振る舞い方であるとか、行為の内容であるとか、決断するということ自体、一定の法則のもとにあるようにして起こるべきである、というのである。つまりカントに言わせれば、〈自由である〉ということはただ単に何をしてもよいということを意味するのではなく、かえって、何をしなければならないかを自分で見極めて、〈〜しなければならない〉という、そのような必然性にしたがって行動することを意味する。

人間的行為はこのように、一定の法則のもとに置かれているものとして理解される。そしてこの場合の法則は、各人が自分自身で見定めて、打ち立てる必要がある。なぜならもしそうでなければ、〈自律〉ではなくむしろ〈他律（Heteronomie、ヘテロノミー）〉となってしまうことになるからである。

だがそれだけではまだ十分ではない。ひとが何を行うかということは、人間が理性的である限り、誰にでも通用し、納得がいくようなものでなければならない。なおかつ、なぜそのようなことを行い、そのような仕方で行うかを他の相手に説明出来るのでなければならない。このことを別の仕方で表現すると、〈自律〉という場合における法則は客観的な性格のものでなければならない、ということである。単に一個人が打ち立て、その個人だけに当てはまるような主観的なものであってはならないわけである。

法則が誰に対しても当てはまり、どのような場合にも通用するということは、その法則が普遍妥当的であり、客観的であるということである。こうした普遍妥当的で、客観的な法則こそ、カントが〈道徳法則 Sittengesetz/moralisches Gesetz〉のもとで言わんとするものである。人間は自分自身で自分自身に対して道徳法則を打ち立てるとともに、道徳法則にしたがって振る舞う限りにおいて、自然物とは区別されるのであって、自然界、すなわちカントの言葉でいえば、〈感性界（Sinnenwelt）〉にみられるさまざまな法則から解き放たれている。そのことによって、人間は自然の事物にみられる秩序よりも高次の秩序のうちにあることが明らかとなる。そのような秩序は、人間だけに認められる知性という能力に基づく秩序であり、〈知性界（intelligible Welt）〉と呼ばれる。

古代ギリシアにおいては、人間は〈理性的動物〉として定義されていた。このことが意味するのは、人間は一方では理性という際立った能力を備えており、そのことによって他の一切の生き物から区別されているとともに、他方では生きて行く上で本能に基づくさまざまな要求を満たす必要があり、その点で動物と異なるところはない、ということである。カントはこうしたところからさらに進んで、人間のより高次のあり方を〈人格性（Persönlichkeit）〉として特徴付けて次のように述べる。

「人間をさまざまな事物の秩序へと結び付けるものは、人間をして自分自身を超えて（感性界の一部分として）高めるものに劣ることはあり得ないのだが、悟性だけがこうした秩序を思考することが出来る。またこうした秩序は同時に、感性界全体を自らのもとに従属するようにして有しており、また感性界とともに、人間の時間における経験的で規定可能な定在やあらゆる目的の全体を（このような全体だけがひとえに、道徳法則として理解されるような、そのような類の無条件的で実践的な諸法則に適合する）自らのもとに従属するようにして有している。

このようなものとは人格性のことに他ならず、すなわち、全自然の機制からの自由と非依存性

(die Freiheit und Unabhängigkeit von dem Mechanism der ganzen Natur) に他ならないが、そうはいっても同時に、次のような存在者の能力としてみなされる。その存在者とはすなわち、その存在者に固有な諸法則、すなわち純粋で実践的な諸法則のもとに人格が、感性界に属する限りにおいて、その固有な人格性において従属しているような、そういった存在者のことであるが、そうであるのは、人格が同時に知性界に属する限りにおいてである」(AA5, 86f.)。

人間が〈人格性〉として理解されるということは、自らが行う一切の行為や決断の主体であるということである。何を行うかということや、何を行うべきであるかを熟慮し、見極めることは、その当人にゆだねられており、それ以外の者にとっては不可侵である。ひとは誰でも〈人格性〉としてみるならば、自分自身によって存在しており、自分自身に対して存在する。いわば自分が自分に向き合っているのであって、こうした自己関係的なあり方に対して他の者が干渉することは認められてはならない。人間はその本質からして、自己意識として存在するのである。

カントの洞察において重要なのは、人間が道徳法則に基づいてこのように〈人格性〉として存在することのうちに、近代哲学の根本主題である自己意識の本質を見届けている点である。〈自分が自分である〉ということの確信をなすのが〈自由〉に他ならないということ、まさにこの点こそ、カントがはじめて明らかに示したことである。

道徳法則と格律――普遍的な法則を自ら主体的に打ち立てる必要性

自由こそ哲学の最も根本的な問題である。先に述べたように、このことを明確に主張した最初の人物とは、カントである。カントは自由を人間の道徳的な振る舞いの問題として論じており、倫理学あるいは道徳論の枠組みにおいて議論している。だがそれと同時に、自由をめぐる問いが倫理学あるいは道徳論の枠組みに収まり切らない、きわめて幅広い射程のものであることもカントは承知している。

自由をめぐる問いはその根本においてみるならば、形而上学的である。形而上学とは、存在するものについての原理を考察する哲学の一領域である。すなわち、何かが存在するという場合の〈存在する〉ということの意味をさまざまな角度から徹底的に掘り下げて問う営みのことである。だが形而上学は、たとえば倫理学であるとか、法哲学であるとか、歴史哲学であるとか、自然哲学であるとか、宗教哲学であるとか、さらには美学などとは異なり、単に他のさまざまな領域と並び立つような一領域であるだけにとどまらない。むしろ形而上学こそは、哲学の中でも最も根本的で徹底的な領域であり、他のさまざまな領域を基礎づける役割を果たす。古代ギリシア以来、もっといえば、アリストテレス以来、〈存在するものとは何か〉という問いは、哲学的探求の根幹をなすものとして伝統的に理解されてきた。

カントによれば、道徳法則は誰にでも当てはまる普遍的なものであるとともに、どのような場合や対象であっても妥当するような、客観的なものでもある。注意すべきことに、このように普遍的で客観的な道徳法則は、ただ単に〈ひとは一般に～すべきである〉というかたちで人々や共同体の中で通用する規則として立てられるだけにとどまらない。のみならず、各人はこうした普遍的な規則を、他ならぬ自分自身の振る舞い方や活動の原則として掲げ、貫徹する必要がある。カントがいう「格率（die Maxime）」は、個人がそれぞれ自分自身の行動原理として打ち立てるような、主観的な原則のことを意味する。

カントはこのようにして、個人が道徳的に振る舞う場合に二通りの規則にしたがう必要があるとする。すなわち一方では、「格律」に示されるように、当の個人自身の確信に基づく独自の振る舞い方の原則が求められるとともに、他方では、個人の振る舞い方が道徳的であると誰からも認められ得るような、そういった普遍的な仕方でなされることが求められる。「あなたの意志の格律がいつでも同時に、普遍的な立法の原理として見なされることが出来るようなかたちで、行動しなさい（Handle so, dass die Maxime deines Willens jederzeit zugleich als Prinzip einer allgemeinen Gesetzgebung gelten könne）」（AA5, 30）という有名な言葉は、まさにこうした事態を言い表している。自分が何をなすべきであるか、このことは他の誰でもなく、自分自身で考え、見極めなければならないというのである。何かをしようと欲する意志のはたらきは、それぞれの個人自身の主体的なあり方と決断に基づくのである。個人のこうした主体的なあり方は決して否定されるべきではなく、尊重されるべきものである。

だがそれと同時に、ひとは理性的な存在者である限り、そしてそのようなものとして共同体の一員として属しており、他の個人と関わり合いながら活動する限り、誰にとっても正しいと認められるような仕方で振る舞う必要がある。個人の行動や決断の原則はその意味で、「普遍的な立法の原理」としての性格も兼ね備える必要があることが理解される。

自然法則と道徳法則――理性的存在者としての人間を貫くものとは

理性的な存在者としての人間は、その本質からして自由である。カントによれば、人間が自由であるのは、自らが打ち立てる客観的な道徳法則にしたがって行動することによる。その限りにおいて、人間は自然界とは異なる秩序に属する。

自然界を支配するのは自然法則であり、もっといえば、原因と結果の連鎖からなる因果性の法則である。物体が場所を移動することも、大きくなったり小さくなったりするのも、形や色が変化するのも、いずれも物理的な自然法則にしたがって生じる。あるいは酸素と水素が結び付いて水となったり、鉄が酸素と結び付いて錆びたり、アジサイの花が土壌によって赤い色の花を咲かせたり、青い色の花を咲かせるのは、化学的な自然法則にしたがって生じる。さらに、タンポポやキクの花が地域や気候によって種類が異なったり、動物が草食であれ、肉食であれ、同じゾウでもライオンでも生息する地域や環境によって生態が異なるのも、生物学的な自然法則にしたがって生じる。だがこれらのいずれの場合でも、物質であれ、物体であれ、植物や生物であれ、法則を自分で自分自身に対して打ち立てることはない。また自分自身が変化や運動の原因であるのではなく、動因としての別の物体や、太陽の光や熱や、生息する環境など、自分自身とは別のものを原因として必要とする。

これに対し、理性的な存在者としての人間は、他の動物と同じく生き物である限りにおいては、そういった自然法則に従わざるを得ない。そのことは、食欲などの基本的な本能や欲求についてもやはりそうである。人間は本能や欲求にしたがう限り、自分自身で何かをしたり、自分自身から何かをするとはいえない。だが人間には、よりすぐれたあり方がその本質からして備わっている。そしてよりすぐれたあり方を自覚し、自らそうしたあり方を獲得することで、自分自身で何かを行い、自分自身から何かを行うことが出来るようになる。そうであってこそ、人間は道徳的に振る舞うのであり、本当の意味で自由である。

道徳的存在者としての人間が目指す目的とは

人間は自由である限り、他の何かによって存在するのでもなければ、他の何かのために存在するのでもない。そうではなくて、人間は他ならぬ自分自身のために存在する。〈自己意識〉とは、自分がどのようであるかを自覚することであると同時に、自分が自分自身に対して存在しており、自分自身のために存在することを意味する。人間が自己意識を備えているということは、不可侵のものであるということであり、その本質からして尊重されるべきものであるということである。次の文章はまさにこうしたことを言い表す。

「道徳法則は神聖である（不可侵である）（Das moralische Gesetz ist heilig〔unverletzlich〕）。人間が神聖さを十分に欠いているのはたしかにその通りであるが、その人格における人間性（die Menschheit in seiner Person）は、人間にとって神聖であるのでなければならない。ひとが意志する〔欲する〕もの の一切や、ひとがそれについて何らかのことをなし得るような一切は、創造全体においてみるならば、単に手段として用いられることもあり得る。人間だけがひとり、そしてまた人間とともにあらゆる理性的な被造物は、それ自体における目的（Zweck an sich selbst）である。すなわち、人間は道徳法則の主体であるが、道徳法則が神聖であるのは、人間の自由の自律による」（AA5, 87）。

理性的な存在者としての人間は、それ自体が目的として理解されるものである。道徳的に振る舞い、自由であるというあり方は、何かを生み出したり、作り出したり、獲得することを目指すのではない。人間的活動はいずれも何か別のものを対象としており、それを目的とする。だがそうした活動の根本をなす道徳性は、道徳的に振る舞う当の本人の存在そのものを目的とする。人間は他の生き物と同じように本能や欲求に基づいて活動する限り、常に何らか不足しており、欠けたところがあり、それを満たそうとする。これに対し、本当の意味で自由なものとしての人間は、自己充足的なものとして理解される。

ただしだからといって、道徳法則に基づく活動や行為が何も産み出さないというのではない。道徳的な行為も行為である限り、一定のものをその所産として産み出す。カントはそれを「最高善（das höchste Gut）」と特徴付ける。人間的活動は道徳法則にしたがう限り、一定の善を生じさせる。だが、理性とはただ単に一定の限定されたもの、特定のものとしての善に満足することはない。理性とは、普遍的なものに関わる能力である。理性的な存在者としての人間は、自らが活動する場としての世界が善によって貫かれ、道徳法則に基づく秩序によって保たれることを欲する。こうした事態については次のように述べられる。

「最高善を世界のうちに生じさせることは、道徳法則によって規定可能な意志の必然的な客体である。しかるにこうした意志においては、諸志操が道徳法則に完全に適合していること（die völlige Angemessenheit der Gesinnungen zum moralischen Gesetz）が最高善の最高条件となる。それゆえ、道徳法則への完全な適合はまさしく可能であるのでなければならないし、そのことは適合の客体についても同様である。なぜなら道徳法則への完全な適合は、最高善を促進するという、同一の掟のうちに含まれているからである。

しかるに、意志が道徳法則に完全に適合していることとは、神聖さであり、完全さであるが、感性界に属するいかなる理性的な存在者も、自らの定在のいかなる時点においてもここでいう完全さをなし得ない。だがそうはいっても、道徳法則への完全な適合は実践的に必然的であるとして要求されるのであるから、無限に進行する前進（ein ins Unendliche gehender Progressus）においてのみ、上述の適合へと達し得るに過ぎない。また純粋な実践的理性の諸原理にしたがうならば、そのような類の実践的な進歩を、我々の意志の実在的な客体として想定することが必然的である」（AA5, 122）。

ただし注意すべきことに、一定の行為によって最高善がそのまま世界のうちに実現されるわけではない。なぜなら、行為は常に一定の限定されたものであり、かつその所産も一定の限定されたものであるのに対し、「最高善」は無限なものであり、すなわち限定されざるものであるからである。「最高善」の実現を目指す活動は、あくまでも各自が可能な限りで行うものであり、理想として掲げられる究極目的に限りなく近付くプロセスとして理解される。理性的な存在者としての人間は、このようなプロセスにおいて自らを高めることが可能である。

魂の不死と神の思想——人間的生をその深みにおいて問うこと

とはいえ、こうした実現のプロセスは単にどこまでも無限に進行するだけにとどまらない。なぜなら、プロセスを推進するそれぞれの者はあくまでも有限な存在者であるからであり、すなわち、あるときに生まれ、あるときに死ぬべく定められた者であるからである。だが人間は本来自由な者として生まれついている限り、そして道徳法則を自ら打ち立ててそれにしたがう限り、生成消滅を繰り返すような感性界の秩序とは異なるような、より高次の秩序に属する。カントによれば、人間はこうしたより高次の秩序に属する限りにおいて、不死であると理解される。

「だがこのような無限な前進は、同一の理性的な存在者の無限に持続する現実存在や人格という前提（Voraussetzung einer ins Unendliche fortdauernden Existenz und Persönlichkeit desselben vernünftigen

Wesens）においてのみ可能である（こうした現実存在は魂の不死〔die Unsterblichkeit der Seele〕と呼ばれる）。それゆえ最高善は実践的にみるならば、魂の不死という前提のもとにおいてのみ可能である。したがって魂の不死は、道徳法則と不可分に結びついていることからするならば、純粋な実践理性の要請（ein Postulat der reine praktischen Vernunft）である」（AA5, 122）。

〈魂の不死〉という思想は、古代ギリシアにおいてプラトンが掲げて以来、形而上学の中心問題の一つであり続けてきた。カントは『純粋理性批判』の「弁証論」では、〈魂の不死〉は理論的に認識不可能であるとして退けたものの、道徳について論じる『実践理性批判』では積極的な仕方で取り上げる。この場合、人間が不死であることが事実として明らかであるというのではない。そうではなくて、人間が不死であると想定することによってのみ、「最高善」の実現を目指すプロセスが理解可能となるというのであり、理解を可能にするための条件としてその必然性が認められるというのである。「実践的理性の要請」はこうしたことを意味する。

先にみた箇所では、道徳法則が「神聖である」とされた。そのことに加えて、〈魂の不死〉についても積極的に語られている。こうしたところからも明らかなように、カントの道徳論は、神の思想や宗教の領域とも不可分の関係にある。そもそもカントにとって、道徳とは、〈人間とは何者であるか〉という問いに関わるものであり、また〈理性的な存在者としての人間が属する世界は、本来どのような秩序のもとにあるか〉という問いに関わるものであり、さらには、〈人間が道徳的であることを可能にするような、そういった根拠とは一体何であるか〉という問いに関わるものである。

このようにしてカントの道徳論は、人間（の魂の不死）・世界（における自由）・（人間と世界の根拠としての）神に関わるものである。そのことからして、道徳論は同時に形而上学なのである。つまりカントの意味での道徳論は、〈存在するものとは何か〉というきわめて根本的な問いに関わるものなのである。道徳論について最初に詳細に論じた著作である『道徳形而上学の基礎付け』の表題の中に、「形而上学」という言葉が登場するのは、まさにこうした理由からである。

「道徳法則が命じるのは、世界において可能であるような最高の善を、私にとって一切の振る舞いの究極の対象となすことである。だが、私がこうした最高の善を生じさせると望むことが出来るのは、私の意志が神聖であるとともに、好意的な世界創始者の意志と一致すること（die Übereinstimmung meines Willens mit dem eines heiligen und gütigen Welturhebers）による以外にはない。また、たとえ最高善の概念においては、全体の概念としてみた場合、そこにおいては最大の幸福（die größte Glückseligkeit）が最高の程度の（被造物において可能な）道徳的完全性ときわめて精確な比例関係のうちにあるようにして結び付けられている、というように表象されるのだが、私自身の固有な幸福（meine eigene Glückseligkeit）がともに含まれているとしてもそうである。

とはいえこうした場合、私自身の固有な幸福ではなく、むしろ道徳法則が意志の規定根拠（die Bestimmungsgrund des Willens）なのであって（むしろ道徳法則は、幸福を求める私の際限のない要求を諸条件へと厳しく制限するのだが）、意志は最高善を促進するように差し向けられるのである」（AA5, 129f.）。

カントは神の思想に触れる際に、道徳的なあり方と幸福の関係についても同時に論じている。カントによれば、理性的な存在者がその生において目指すべきであるのは、あくまでも道徳的なあり方であり、幸福は人生の目的としては目的としては理解されない。

こうした理解は、古代ギリシアの哲学者であるアリストテレスの理解とは根本的に異なるものといえる。アリストテレスによれば、ひとは誰でも生まれながらにして幸福であることを欲する。人生の活動が究極的に目指すのは、〈幸福であること〉である。この場合、〈幸福である〉ということは何らかの仕方で活動的であることを意味するのではなく、むしろ〈観想する〉（τὸ θεωρεῖν、ト・テオーレイン）というように、ものごとの真理をあるがままに眺め、安らうことを意味する。幸福をめぐるこうした理解は、カントにおいて大きく転換する。そのことは次の文章から明らかである。

「したがってまた、道徳とは本来的には、どのようにして我々は自らを幸福とするか（wie wir uns glücklich machen）、という教えであるのではなく、むしろどのようにして我々は幸福に値するようになるべきか（wie wir der Glückseligkeit würdig werden sollen）、という教えである。宗教が道徳に加わる場合にのみ、幸福に値しないわけではない、ということを我々が熟慮するようにして、やがて幸福に与るようになるという希望もまた立ち現れる。誰であれ、ある一つの事柄であるとか、ある一つの状態を所有するにふさわしいのは、その者がこうした所有の状態のうちにあることが、最高善と調和する場合のことである。

いまや容易に次のことを洞察し得るが、そのこととはすなわち、一切のふさわしさは道徳的な振る舞いにかかっているということであるが、それはなぜかといえば、道徳的な振る舞いは最高善の概念において、〈状態に属する〉それ以外のものの条件をなしており、すなわち幸福に与ることの条件をなしているからである。

こうしたことから次のことが帰結する。すなわち、ひとは道徳（die Moral）を自体的には幸福論（Glückseligkeitslehre）として扱ってはならず、すなわち幸福に与ることのための手引として扱ってはならない。というのも道徳が関わるのはひとえに、幸福の理性条件（必要条件）なのであって、幸福を獲得するための手段ではないからである」（AA5, 130）。

カントによれば、〈幸福である〉ことはひとが自力で獲得することであるのではなく、道徳的に振る舞うことを通じて、道徳的な世界秩序の創始者である神の意志との一致を達成することによってはじめて、それに値するとして認められるものである。カントはこのようにして、人間それ自身をも、人間が生きて活動する世界をも、そしてまた人間や世界の根拠である神をも、いずれも〈理念〉のもとに理解しようとする。各人が生身の個人として生きて活動するあり方は、普遍的な〈理念〉のもとにとらえ返されることによってはじめて、その本来の意義を得るというのである。

2　良心の本質とは

直面するさまざまな状況の中でどのようにして最善のことを見出すことができるか

ひとは生きていく中でさまざまな事態に直面する。そのそれぞれの場合に、どのように対処すればよいかをあらかじめ経験して分かっていることもあれば、初めて経験することでもこうすればよいとか、こうすべきだというようにして、やり方や規則を知っていて何とかすることが出来ることもある。ひとが経験する事柄については、どのような種類のものであれ、それぞれこのように対処するのが適切で望ましいというような一定の規則や規範が存在する。こうしたものをしっかり念頭に置いて忘れないようにすることは、活動の基本をなすといえる。学校でも会社でも、それぞれの決まりというべきものが存在しており、アルバイトをする場合にはマニュアルが定められており、どのスポーツでもルールが存在する。

だがそのような規則や決まり事やルールはあくまでも一般的なものなのであって、ひとがその都度直面する実際の場合にみられる具体的で細々としたことについてまでは、どのようにすべきか教えてはくれない。そうはいっても、ひとはいま直面する状況を正しく理解した上で、適切な行動をする必要がある。しかも状況はその都度新たなものであり、それまで経験したのとは全く別のものである。

それだけではない。現実の世界はきわめて複雑な連関のもとに成り立っているのであって、何を行うにしても、いつ行うのか、誰に対して行うのか、何のために行うのかなどに応じて、同じことであっても全く別の対応をする必要が生じる。たとえば同じ相手に花を贈るにしても、誕生日のお祝いであるか、進学や就職のお祝いであるか、なくなった誰かに哀悼の意を表するためであるか、それとも愛の告白のためであるかによって、贈る花の種類も全く異なる。

さらには、ひとが行う事柄はそれだけで単独にあるのではなく、他のさまざまな事柄との連関のうちにつねに置かれている。しかもそれぞれの事柄について、こうすべきであるという決まりや規則が存在するとともに、そもそもその事柄を果たすべきであるという義務が存在する。そうすると、それらの義務どうしが衝突することも生じ得る。アルバイトとサークル活動を両立させることの難しさは、学生であれば多くが経験することであり、またいましている仕事よりももっと良い条件の仕事の誘いがきた場合、家族のことを考えて今の仕事を続けるのか、それとも自分の目標のために新たな仕事先に赴くのか、いずれの場合でも揺れ動く場合があるだろう。いま挙げた二つの事柄はいずれも同じように「～すべき」と促すのであって、どちらを優先するかについては他の誰かが決めることなのではなく、最終的には当の本人の決断次第である。

自己の最内奥としての良心――何が正しいのかを自分自身において知ること

「良心」という言葉は、英語であれドイツ語であれ、いずれも〈知る〉というはたらきと密接な連関を有している。英語の conscience はラテン語の conscientia（コンスキエンティア）に由来するが、conscientia は con（はっきりと、明確に）＋scientia（知ること）を意味する。つまり、自分が現に何を行っているかということや、これから何をしたいのか、さらには何を行う必要があるのか、こうした一切をはっきりと知り、自覚した上で行うことを、conscience は言い表している。ドイツ語の Gewissen も同様に、〈知ること〉を意味する Wissen が ge-（はっきりと、集中して）というように、主体的なはたらきやあり方がことさら強調されたものとなっている。

ヘーゲルは良心について詳細に論じ、良心に対して哲学的に重要な位置付けを与えた哲学者の一人である。『精神現象学』の中では、後半部分の議論の中で良心についての一章が割かれている。ヘーゲルによれば、良心は内面性を根本特徴とする一方で、現実の世界から離れたところにそれだけで存在するのではない。かえって、内面性は現実性と密接不可分の関係にある。内面は内に閉じこもったままでいるのではなく、外へと向かって常に発現するのである。外側へと向かうことなく、形となって現れることのないような内面など、あくまでも抽象的なものに過ぎないというのである。良心に基づいて振る舞う者は誰でもこのようにして、自分の行いをはっきりと自覚する。このことをヘーゲル的な言葉遣いで表現するならば、良心的に振る舞うことには〈意識〉、もっといえば〈自己意識〉という要素が不可欠である、ということである。次の文章はまさにそのことを言い表している。

「行動することの一つの事例（ein Fall des Handelns）が現存する。この事例は知る意識（das

wissende Bewusstsein）にとって、対象のかたちをとった現実性である。知る意識は良心としてみた場合、この事例を直接的で具体的な仕方において知る。またこの事例は同時に、知る意識がそれを知る通りの仕方で存在するにすぎない。

知が偶然的であるのは、知が対象とは別のものである限りにおいてである。だが自分自身を確信する精神（der seiner selbst gewisse Geist）は、そのような偶然的な知であるとか、さまざまな思想をそれ自身においてつくり出すはたらきであるのではもはやないのであって、もし仮にそうである場合には、現実性はこれらの思想とは異なることになろう。むしろ自体的なものと自己との分離（die Trennung des Ansich und des Selbsts）が破棄されていることによって、一つの事例はそれ自体で存在するとおりに、知の感覚的な確信のうちに直接的に存在する。また一つの事例がそれ自体で存在するのは、こうした知のうちに存在するようにしてのみである」（GW9, 342）。

カントの道徳法則はあくまでも、〈〜すべきである〉というように一般的な仕方で命じるだけにとどまり、各人が直面する実際の状況や事情などの具体的なあり方を一切捨象したものであった。カントによれば、そのような具体的な内容自体が重要なのではなく、そうしたものを貫いて規制するような法則の形式的で普遍的なあり方がひとえに重要なのであった。

これに対し、ヘーゲルは各人が直面する実際の状況自体がそれ自身において重要であることを指摘する。ひとは誰でも、自分がいま現に直面しているさまざまな場面で、その都度正しいこと、適切なことを見極めた上で行わねばならない。そのような状況はその都度異なっており、同じであることは決してない。さまざまな違いは度外視されてはならず、そのいずれをとっても考慮の対象となる必要がある。しかも、さまざまな条件や事情が複雑に絡み合っており、どれを重視すべきであるかを決定するのは容易ではない。かといって、どれか一つだけを重視して、それ以外をなおざりにするならば、目標とする適切な行為は実現され得ないだろう。

良心は、現実の行為にみられるこうした複雑に絡み合うさまざまなものを統一的にとらえ返し、もつれた連関を解きほぐして、本来あるべき通りの連関を見極めるようにさせる。「良心は一つの事例にみられるさまざまな事情を異なる義務へと分離するのではない」(GW9, 342) という場合、良心にみられるこうした統一的で一体的なあり方やはたらきが強調されているといえる。

他のいかなるものでもない〈この私〉が知ることとしての良心

良心とは、各自自身の最も奥深いところに存在するもののことである。良心はあくまでも当の本人自身のものであり、各人にとって最も固有なものである。各人は他の者の良心がどのようになっているかをじかに見て取ることは出来ない。そうではなくて、各人は自分自身の内なる良心に照らし合わせることで、他の者の良心がどのようなものであり、どのようになっているかを間接的に窺い知るに過ぎない。とはいっても、このことは消極的な意味で理解されるべきではない。むしろ各人は自らの良心によってこそ、本当の意味で〈自分自身である〉ようになるのである。

各人は自らの良心のうちにあっては、外側から命じるいかなる権威や権力にとらわれることがない。たとえどれほど正しい内容のものであろうとも、それがあくまでも外側から押し付けられたり、強制される限り、そうしたものは良心が認めるところでは決してない。良心においては、一切の外的なものが解体され、消え失せるのである。良心のこうした自己自身へと集中したあり方のことを、ヘーゲルは「絶対的な自己（das absolute Selbst）」と特徴付けて次のように述べる。

「良心は否定的な〈一〉（das negative Eins）であり、言い換えると、絶対的な自己である。ここでいう絶対的な自己は、これらの異なる道徳的な実体を根絶する。良心とは、単純で義務に適った行動のはたらき（einfaches pflichtmäßiges Handeln）であるが、ここでいう行動のはたらきはあれこれの義務を満たすのではなく、むしろ具体的に正しいもの（das konkrete Rechte）を知るとともに行う」（GW9, 343）。

すでに述べたように、ひとは理性的な存在者として生きている限り、一つの共同体に属している。共同体には、習慣として成り立つような、さまざまな決まりごとが認められる。ひとはことさら意識するまでもなく、そうした習慣にしたがって共同体のうちに自らの生を送る。習慣として成り立つ決まりごとは、その共同体に属する一切のものを貫く本質的なものである。

このような本質的なものは、古代ギリシア以来伝統的に「実体（ギリシア語：οὐσία（ウーシア）、英語：substance、ドイツ語：Substanz）」と呼ばれてきた。だがヘーゲルによれば、こうした「実体」は各人にとってその外側に存在するようなあり方をする限り、否定されるべきものである。「実体」は単に各人を貫くだけではなく、各人によってまさに本質的なものとして認められる必要があるというのである。それも、各人が自らの良心に問い尋ねることで、正しいとして認められる必要がある。ひとは誰でも、道徳的な善さであれ、社会的な正義であれ、さまざまな場面での適切さやよさであれ、いずれも自分自身で洞察した上で、まさにそうであると納得してはじめて、そうしたものに基づいて自らの行為を秩序付けることが出来るようになる。ヘーゲルが良心における「自己確信」の重要性を強調するのは、このような事情のためである。

「良心は自分自身に対して、直接的な自己確信（die unmittelbare Gewissheit seiner selbst）に即して自らの真理を有している。このように直接的で具体的な自己確信とは、本質のことである。こうした自己確信を意識の対立に基づいて考察する場合、固有で直接的な個別性（die eigene unmittelbare Einzelheit）が道徳的な行いの内容であることになる。また道徳的な行いの形式とはまさしく、純粋な運動としてのこうした〈自己〉であり、すなわち知としての、あるいは固有の確信（die eigene Überzeugung）としての、こうした〈自己〉である」（GW9, 343）。

こうした場合注意すべきことに、各人は自らの良心においてはじめて、本当の意味で〈自分自身〉

であるものの、そこには同時に普遍性の側面も備わっている。ひとは自らの良心において、他の一切のものから区別される。その意味で、ひとは良心においてこそ、他のいかなる者でもない〈この私〉として存在するといえる。だが、〈この私〉としての個別的なあり方は、良心が見極めて各人自身に差し出すような、普遍性に基づいているのでもある。

ひとが自分自身として存在するということのうちにはこのように、個別的なあり方と普遍的なあり方が同時に備わっている。その意味で、ヘーゲルはカント的な道徳法則を完全に退けるのではなく、かえって良心を構成する一要素として、変容されたかたちで取り入れているといえる。次に挙げる文章は、良心が知のはたらきである限りにおいて、同時に義務としても理解されることを示している。

「こうした〈自己〉は、純粋で自分自身に等しい知（reines sich selbstgleiches Wissen）としてみた場合、端的に普遍的なものであるが、その結果、他ならぬこうした知こそ、自らの固有な知（sein eigenes Wissen）として義務（die Pflicht）であり、確信として義務である。義務が〈自己〉に対峙するような普遍的なものであるのではもはやなく、むしろ、このように分かたれたあり方においてはいかなる妥当性ももたない、と知られている。こうしたものとは法則のことであるが、ここでいう法則は〈自己〉のために存在するのであって、法則のために〈自己〉が存在するのではない」（GW9, 344）。

ヘーゲルによればこのようにして、各人の外側に、あるいは各人を超えたところに普遍的なものとしての法則が存在するのではなく、むしろ法則は各人の良心とそれに基づく活動によって貫かれたものとして存在する。そのことによって、法則は単に命じるだけの死せるものではなく、各人の生き生きとした振る舞いを貫く原理となることが可能となる。

良心に固有の現実性——承認されていること

良心とは、何が正しく、何が善いかということについて知るはたらきである。しかもこの場合の〈知〉は、それぞれの個人が自らの内面において遂行するものである。いかなる権威も、いかなる習慣や慣習も、いかなる社会的・道徳的な決まりごとも、個人の内面を侵すことが出来ない。良心はそういった一切の外的なものにとらわれることなく、正義や善を自らの洞察にしたがって見定める。

だがその場合見落としてならないことに、個人は現実の世界のうちに身を置いており、自らの生を生きている。良心は現実の世界に対して閉ざされておらず、かえって開かれている。個人は自らの良心に問い尋ねて熟考するだけにとどまらず、そうすることで獲得した洞察に基づいて行為へと踏み出す。内的なものは現実の世界を貫いて、そこで生じるさまざまな出来事や行為を生じさせるような原動力として存在することによってこそ、本当の意味で内的なものだといえる。

良心は現実の世界においては、こうした発現を通じてのみ明らかとなる。良心がそのものとして現実の世界のうちに姿を表すのではない。そうではなくて、個人のその都度の行いを通じて、その個人の活動や行為の核をなすものとして窺い知られるのである。

良心はそれぞれの個人に固有なものであると同時に、その個人だけのものであるのではない。良心は同時に、普遍的なものとしての性格を兼ね備えている。それはすなわち、個人の良心に基づく行為が他のさまざまな個人によって知られ、認められるということである。良心は現実の行為を通じて、他の個人によって承認される必要がある。次に挙げるヘーゲルの言葉は、〈承認されている〉ということが良心に対してもつ重要な意義について述べたものである。

「良心の存在する現実性（die seiende Wirklichkeit des Gewissens）とは、〈自己〉であるような現実性のことであり、すなわち自分自身を意識する定在〔一定のかたちの存在〕（das seiner bewusste Dasein）のことであり、承認されることという、精神的な境位（das geistige Element des Anerkanntwerdens）である。したがって行いとはひとえに、その個別的な内容を対象的な境位へと置き移すことに他ならないのであって、内容はこうした対象的な境位において普遍的であるとともに、承認されている。また内容が承認されていることこそ、行動を現実性となす。

行動は承認されており、そのことによって現実的であるが、それはなぜかといえば、一定のかたちで存在する現実性が確信と直接的に結び付いており、言い換えると、知と直接的に結び付いているからであり、別の言い方をすれば、自らの目的についての知が直接的に、一定のかたちの境位であり、普遍的な承認のはたらき（das allgemeine Anerkennen）であるからである。というのも行動の本質、〔すなわち〕義務は、良心が義務について確信することのうちに成り立つからである。こうした確信こそまさしく、自体的なものそのものである。自体的なものとは、それ自体で普遍的であるような自己意識（das an sich allgemeine Selbstbewusstsein）のことであり、言い換えると、承認されていることであり、またこのようにして、現実性なのである」（GW9, 345）。

良心は何が正しいかについて見極めるに至るまで、さまざまな角度や側面から何度となく吟味を重ねる。一見すると誰もが正しいと認めるであろうような自明のことであっても、良心は本当にそうであるかどうかをふるい分けずにはおかない。法律であろうと、道徳上の規則であろうと、社会の約束事であろうと、どのような内容も良心にとっては最終的なものや絶対的なものではあり得ない。いかなる内容といえども、良心のふるい分けを通過するのでなければ、本当の意味で正しいとは認められることがないのである。

確信が〈自体的なもの〉であるというのは、まさにこうしたことを言い表す。良心が認める内容がそれだけで問題となるのではなく、むしろその内容が間違いなく正しいという、良心の確信こそ問題なのである。そしてまさにこうした確信こそ、さまざまな内容を本質的なものとして保証するものであるというのである。

良心に基づいて振る舞う個人は有限な存在者である

だが注意すべきことに、良心はいわば全知全能であるわけではない。むしろ良心は、その都度直面するそれぞれの状況について、何が正しくて善いかを吟味し、明らかにするにとどまる。それぞれの個人は自らの生において直面する具体的な状況を抜きに、〈社会的生活における義務とは何か〉や、〈共同体における共通の前提は何か〉や、〈人類一般が人生において目指すべき究極目的とは何か〉といった、一般的な問いを立てるのではない。そうではなくて、自らがいま実際に直面している複雑に絡まり合った問題について、それをどのようにすれば最善の仕方で解決し得るかということについて、熟考するのである。ヘーゲルは良心の知に特有な有限性を次のように特徴づける。

「良心にかなった意識（das gewissenhafte Bewusstsein）は事柄のこうした本性や、事柄に対する自らの関係を意識しているとともに、自らが行動する際に直面するその場合を、このように要求されているような普遍性にしたがって知ることがないのを分かっており、また一切の事情をこのように良心にかなった仕方で考慮する、というように自らが称することが取るに足らないのを分かっている。だが、一切の事情についてのこうした知識や考慮は全くもって現存しない、というのではない。そうではなくて、契機として存在するに過ぎず、別の意識にとって存在するような、そういった何らかのものとして存在するに過ぎない。また良心にかなった意識の不完全な知は、それがこの意識の知であるのだから、この意識にとっては十分に完全な知（hinreichendes vollkommenes Wissen）としての意義を有する」（GW9, 346）。

良心に基づいて振る舞う個人はこのようにして、有限な存在者である。たとえばキリスト教で教えられるような全知全能の神とは異なり、あらゆることについて何でも知っているのではない。それぞれの個人は生きて行く中でその都度、どのように振る舞うのが最善であるかについて、まずもって自分で答えを見つけ出す必要がある。答えは予め与えられているわけではない。あるいはまた、道徳上の規則や一般的な格言や教訓といったかたちで、このように行うべきである、ということにそのまま従えばよいのでもない。

良心はまずもって、これらの規則や教えが示すものとは異なるものとしての、自らにとっての最善の事柄を見出す必要がある。見出すプロセスはこのようにしてさしあたり、〈～であるのではない〉というように、否定的なかたちをとる。いかなる内容といえども、こうした否定を免れることはない。ヘーゲルは良心にみられるこうした否定のはたらきのことを、「絶対的な否定性」と特徴付けて次のように述べる。

「良心はいかなる内容も自らにとって絶対的であるとは見なさない。というのも良心とは、一切の規定されたものの絶対的な否定性（absolute Negativität alles Bestimmten）であるからである。良心は自分自身から発するようにして（aus sich selbst）規定するのである」（GW9, 347）。

ここでいう「否定性」は、どのような道徳的・社会的内容も良心にとって無意味である、ということを意味するのでは決してない。そうではなくて、良心はいかなる既存の決まり事や義務にも拘束されることがなく自由であり、自ら最善の解決策を見出す必要がある、ということを意味するのである。

良心はこのようにして、自らに備わる知のはたらきによって、もっといえば、最善・最良の事柄をめぐる吟味や熟慮のはたらきによって自由たり得る。アリストテレスは人間が知のはたらきにおいて自由であり、自足していると述べていたが、こうした古代ギリシア的な理解がヘーゲルにおける良心の思想のうちに反映しているわけである。

「同様にして、良心はそもそもいかなる内容からも自由である。良心は、法則として妥当するべきであるような、いかなる規定された義務からも自らを解き放つ。良心は自分自身についての確信という力のうちにあって、結んだり解いたりするという、絶対的な自足という威厳（die Majestät der absoluten Autarkie, zu binden und zu lösen）を有している。したがってこうした自己規定は直接的に、端的な仕方で義務にかなったもの（das schlechthin Pflichtmäßige）である。義務とは知それ自身のことである。こうした単純な〈自己〉としてのあり方（diese einfache Selbstheit）とはしかるに、自体的なもののことである。というのも自体的なものとは、自分自身に純粋に等しいこと（die reine Sichselbstgleichheit）であるからである。そしてこうした等しさがこのような〔良心にかなった〕

意識のうちに存在する」(GW9, 349)。

良心はこのようにして、いかなる外的な義務からも解き放たれているが、そのことは、良心がいかなる義務とも無関係である、ということを意味するのではない。そうではなくて、社会の中にみられる義務はいずれも、良心の吟味を通じてはじめて、その内容が正しいものとして確証されるというのである。良心にとって、義務は他の何かによって〈～すべきである〉として課されるのではない。そうではなくて、良心は自分で自分自身に対して〈～すべきである〉ということをはじめて与えるのである。良心はこのようにして、自己規定的である。

内面的なものの発現——言葉が聴き取られること

良心は内面的なものであるが、先にみたように、こうした内面的なものは行為を通じて外側に現れて現実のかたちをとる必要がある。だがそれだけにとどまらない。それぞれの個人がどのように考え、何を洞察して見極めているか、まさにこのことが他の者たちに対しても明らかにされる必要がある。ヘーゲルによれば、それぞれの個人の良心に基づく洞察を他の者たちに対して明らかにするのは、「言葉 (die Sprache)」の役割であるとされる。それぞれの個人は自らの洞察を言葉によって表明し、そうすることで、他の者たちがこの洞察を知ることが出来るようになる。多少長くなるが、ここで良心に特有な言葉について述べられた箇所を引いてみよう。

「我々はこのようにして、精神の定在〔一定のかたちの存在〕（das Dasein des Geistes）としての言葉をまたもや目にすることになる。言葉とは、別のさまざまなものに対して存在するような自己意識（das für andere seiende Selbstbewusstsein）のことであるが、ここでいう自己意識は直接なかたちでそれ自身として現存するとともに、〈このもの〉として普遍的である。言葉とは、自分自身を自分自身から分かつ〈自己〉（das sich von sich selbst abtrennende Selbst）であるが、ここでいう〈自己〉は、純粋な自我＝自我（reines Ich ＝ Ich）というかたちで、自分自身にとって対象的となっており、こうした対象的なあり方において同時に、この〈自己〉として維持されるが、そのことは、この〈自己〉が別のさまざまな〈自己〉と直接的に合流しているとともに、これらの〈自己〉の自己意識であるのと同様である。〈自己〉は、自分自身を聴き取るのと同じように、別のさまざまな自己意識によって聴き取られるのでもある。また聴き取るはたらき（das Vernehmen）こそまさに、〈自己〉となった定在〔一定のかたちの存在〕（das zum Selbst gewordene Selbst）である」（GW9, 351）。

言葉はこのようにして、内面的なものとしての良心が対象のかたちをとったものとして特徴付けられる。ここでいう対象は、物や外面的な行為として存在するのではなく、それぞれの個人の吟味や熟慮と同様、知や思考として存在する。言葉によって自らの洞察を伝え、その洞察が他の個人によって明らかなものとして知られるということは、〈知〉がまさに〈知〉のかたちをとって知られることである。良心に基づいて振る舞う個人が他のさまざまな個人に対して関わるということはこのようにして、〈知〉を通じての関係なのである。

自己意識とはそもそも、自分で自分自身のことを意識するということである。このことのうちには、〈私は私である〉ということが含まれる。このことを哲学の絶対的な原理として表明したのは、すでにみたようにフィヒテである。フィヒテは『全知識学の基礎』で〈自我＝自我〉をあらゆる哲学的思考の原理であると表明したのであった。ヘーゲルはフィヒテの哲学をさまざまな角度から徹底的に批判する一方で、〈自我＝自我〉という原理に対して積極的な評価を与えたのでもあった。そこに示されるような、自己意識の絶対的な自己同一性や、いかなる外的なものによっても損なわれることのない自由や自立こそ、近代という時代の到達点であるというのである。

自己意識は良心としてみた場合、自分が自分にとって存在する。このことは、先に挙げた引用にあるように、自己意識が自分を自分から分かつことである。だがその場合、分かつといっても、そのことはあくまでも、自己意識が自分にとって対象となっていることを意味するのであって、自己意識がばらばらに引き裂かれていることを意味するのではない。そうではなくて、分かつことによってこそかえって、「純粋な自我＝自我」というかたちをとることが、自己意識の表明する言葉を通じて、当の自己意識に対しても、また他の自己意識に対しても明らかとなるのである。次に挙げる文章では、良心というそれぞれの個人の最内奥のうちに、こうした〈自我＝自我〉の境地が認められることが述べられている。

「我々はこのようにして、自己意識が自らの最内奥（sein Innerstes）へと立ち戻るのを目にする。自己意識の最内奥にとって、一切の外面性はそのものとしては消滅しており、自我＝自我という直観（die Anschauung des Ich = Ich）へと至っている。自我はこのような直観のうちにあって、一切の本質性にして一定の定在（alle Wesenheit und Dasein）である」（GW9, 353）。

哲学は物事の本質を明らかにすることを目指すことからすれば、真理の探究の営みであるといえる。だがそれと同時に、哲学において根本的に問われるのは、そのように真理を探究する者自身の本質的なあり方である。探求を行う者自身はそもそも一体何者であるか、哲学においてはこのことを問うことも不可欠なのである。ヘーゲルが良心の思想によって示そうとするのは、こうした自己探求の必要性である。それぞれの個人は自分自身へとまずもって立ち返ることによってこそ、はじめて物事の本質を見極めることが出来るようになるというのである。だが自己探求はさらなる領域へと深まることを必要とする。すなわち、探求を行う者自身が由来する根底を問うことがさらに必要となる。このことはとりもなおさず、宗教の問題につながる。次章では、宗教の領域において自己意識がどのようにとらえ返されるか、ということについてみていこう。

第6章　宗教と芸術

1　古代世界における両者の関係

近代的自己意識の由来――古代ギリシアにおける個人の「徳」と共同体

自己意識をめぐるこれまでの考察は、もっぱら近代の文脈に即してなされてきた。だがすでに述べたように、自己意識の思想の成立がキリスト教の登場と密接な関係にあるとすれば、共同体や道徳の場面においてだけでなく、宗教の場面において自己意識がどのようなものとして理解されるのか、ということについても踏み込む必要がある。のみならず、そもそもキリスト教において一体なぜ自己意識の思想がきわめて重要なものとして位置づけられることが出来たのか、ということも問われる。

こうした点に関わってくるのは、一つには何が正しく、何が悪いのかを自ら自身において知るという、良心の思想である。ひとは自らの内面においてはいかなる外的な権威にも拘束されることがなく、絶対的な独立性を保つという、良心を特徴付けるあり方は、内面の純粋さによってこそ信仰を通じて神へと近付くことが出来るとする、キリスト教の教えへと通じているだけではない。それとともに、個人がその内面において絶対的な価値を有しており、その尊厳が保たれるべきであるという理解を準備するものでもある。

だがそれだけでなく、自分自身に立脚し、自分で物事の価値を判断し、自由に振る舞うというあり方自体がすでにキリスト教以前の時代にみられることに注目する必要がある。その時代とは、古代ギリシアのことである。その際、そうした自主・自立的な態度は、単にそれぞれの個人だけのものなのではなく、むしろ個人が立脚する共同体を貫く普遍的な基準や尺度に基づいていたのであった。

古代ギリシアにおいてきわめて特徴的なのは、神話（μῦθος、ミュートス）が社会生活や文化全般において決定的に重要な位置付けを占めていることである。古代世界ではたとえばエジプトやペルシアやインドなど、他の所でも神話がいずれも重要な位置を占めているものの、ギリシアにおけるほどには決定的ではないといえる。

しかも古代ギリシアにおける神話はエジプトやペルシアなどの場合とは異なり、特権的な神官階級によって伝承されるのではなく、詩人の創作による芸術作品として存在するという点においてもきわめて独特である。叙事詩人であるホメロス（Ὅμηρος、前九～八世紀頃）とヘシオドス（Ἡσίοδος、前八世紀頃）の二人は、「神話の父」であると言われる。ただし、ホメロスという人物がそもそも実在したのか、あるいは実在したとしても、『イリアス（ΙΛΙΑΣ）』と『オデュッセイア（ΟΔΥΣΣΕΙΑ）』という二つの叙事詩が同一人物の手になるのかどうかについては諸説あり、未だに決着がつかないことについては今は措く。いずれにしても、ゼウスやアテネやアポロン等、オリュンポスの十二神をはじめとする有名な神々の特徴や性格も、この二人の詩人の作品を通じて広くギリシア人に共通のものとなったのであった。

ホメロスの『イリアス』と『オデュッセイア』は、スパルタの王妃で絶世の美女ヘレネがトロイアの王子パリスによって誘拐されたことに端を発する、ギリシア軍とトロイア軍の十年にわたる戦争、ならびに戦争後のギリシア軍の英雄たちのその後を描いたものである。両作品は英雄叙事詩と呼ばれるが、そこでの主要人物はいずれも ἥρως（ヘーロース）、すなわち王侯や貴族などの支配階級の者たちである。ギリシア軍を率いる総大将でミュケナイ王のアガメムノン、その弟でスパルタ王のメネラオス、『イリアス』の主人公でギリシア軍最強の勇士である若きアキレウス、『オデュッセイア』の主人公で知略にすぐれたオデュッセウス、彼らはいずれも卓越した人物として描かれている。ただし注意すべきことに、これらの英雄はいずれもはっきりとした個性をもつ人物として描かれているものの、戦闘での勇敢さや、相手に対する思いやりや寛大さなど、すぐれた特性があくまでも一般的なものとして描かれており、近現代とは異なり、強烈な個性が前面に押し出されているのではない、という点が特徴的である。

古代ギリシア語では、それぞれのひとに備わるすぐれた能力としての卓越さのことが ἀρετή（アレテー）と呼ばれる。この言葉は「徳」と訳されるのが常である。「徳」はその個人特有のものである一方で、一般的な性格のものであると理解される。よそから来た客人を温かく迎え、食事を提供してもてなすことや、友情のしるしとして互いに贈り物を交わすこと、こうしたことは特にホメロスの作品の随所にみられる。

たとえば『イリアス』の第六歌では、ギリシア軍の勇士の一人であるディオメデスとトロイア軍の勇士であるグラウコスが相対して戦うものの、父祖の代から誼を交わしていたことを知るにおよび、手を握り合って誓いを交わし、武器を交換する。また『オデュッセイア』の第三歌と第四歌では、父親であるオデュッセウスの消息をたずねて、息子テレマコスがピュロスの老ネストールとスパルタのメネラオスのもとをそれぞれ訪問し、歓待を受けて杯や衣などの贈り物を受け取って、故郷のイタケ島へと帰還する。さらに『オデュッセイア』の第十四歌以降では、イタケ島へと帰り着いたオデュッセウスがすぐには自らの屋敷へと戻らず豚飼いのエウマイオスのもとにしばらく身を潜めていたが、自らの仕事に忠実で主人のことを決して忘れることがなく、客人を温かくもてなす姿は強い印象を残す。

このように古代ギリシアでは「徳」が一般的なものとしての性格を強く備えているのは、慣習の力が強く支配していたことによる。古代ギリシア語では慣習は ἔθος（エトス）と呼ばれるが、アリストテレスは『ニコマコス倫理学』第二巻で、ひとが生きていく上で発揮する「徳」としての ἦθος（エートス）を特徴付ける際に、こうした言葉の上での近さが事柄としての近さにつながるのであるとする。何を行うのが正しく、何を行うのがよいのか、また何を行うのがその反対であるのかは、ひとが属する共同体（πόλις、ポリス）の中で人々によってそのように見なされている一般的な見方（δόξα、ドクサ）に基づくべきであるというのである。〈正しさ〉や〈よさ〉は共同体の中で一般的に見なされ、認められているものであり、それぞれの個人はこうした一般的で規範となるものにしたがって自らを形成し、一市民として振る舞い、活動するというわけである。

ただし、それぞれの個人の自己形成はそうすべきであるとか、そうするよう求められているというように外側から強制されるのではなく、もっぱら個人自身の自由裁量にゆだねられていた。そもそもトロイア戦争の場合、ギリシア軍は総大将であるアガメムノンを中心とするものの、組織・制度化されたものなのではなく、あくまでも自発的な参加による緩やかな結び付きによっていた。だからこそ、『イリアス』の冒頭で語られるように、アキレウスがアガメムノンに対する怒りのために戦線から離脱し、しばらくの間戦わずにいるということもあり得たわけである。アテナイとスパルタの場合に顕著なように、それぞれの共同体において「徳」とみなされるものは異なっており、またそうした「徳」にかたどられて形成される個人の性格もまた大きく異なる。

古代ギリシアにおいて特徴的なのは、諸個人が立脚する共同体を貫く「徳」の普遍的なあり方と個人の自由なあり方や振る舞いの間の関係である。それぞれの個人が〈他のいかなるものでもないこのもの〉としての自分自身というものに気付き、普遍的な基盤にではなく、自分自身に立脚するようになるのは、ホメロスやヘシオドスの詩が描き出す神話の世界から次第に距離を取り、決別するという歴史的過程と歩みをともにする。そしてこうした歩みに呼応するようにして、〈正しさ〉や〈よさ〉といった「徳」は、共同体の中で一般的にそのように見なされているというだけではもはや通用せず、それぞれの個人自身による吟味の対象となる。個人は自分自身のうちに〈正しさ〉や〈よさ〉などについて判断するための尺度を備えているというのである。ソフィストの中でも最大の人物の一人であるプロタゴラス（Πρωταγόρας、前四九〇頃～前四二〇頃）の「人間は万物の尺度である」という言葉は、こうした事態を象徴的に表すものといえよう。

自由な民族としての古代ギリシア人、および神々に対する関係

ここで改めて近代に目を向けて、古代ギリシアおよびその神々が近代ドイツにおいてどのように受容され、とらえ返されたのかについて見てみよう。

ヘーゲルは近代の哲学者の中で古代ギリシアに注目し、その原典に直接触れることで自らの思索の源泉とした最初の人物の一人である。彼はドイツ南部のテュービンゲンの神学校で学んだが、熱い議論を交わした友人の中には詩人フリードリヒ・ヘルダーリン（Friedrich Hölderlin、一七七〇～一八四三）と哲学者フリードリヒ・ヴィルヘルム・ヨゼフ・シェリング（Friedrich Wilhelm Joseph von Schelling、一七七五～一八五四）がいる。彼らに共通していたのは、神学校で学んでいたまさにその時期に進行中であったフランス革命の一連の流れに動かされて自由について思いをめぐらし、近代的な合理性に飽き足らず、人間的生をさらに掘り下げて解明しようという飽くなき探求心であった。こうした探求心の導き手となったのが古代ギリシアの文化であった。はじめのうちは、再興されるべき対象として熱狂的な眼差しをもって取り組まれたが、やがて自らの思索が確立するにしたがって、より俯瞰的な視点のもとにとらえ返されるようになる。

ヘーゲルによる古代ギリシアの芸術や哲学、および歴史に対する取り組みの成果は、『精神現象学』の「Ⅶ. 宗教」の「B. 芸術宗教（die Kunst-Religion）」に顕著に認められる。そこでは、古代ギリシア（とはっきり名指しされてはいないが）の宗教の核心が芸術にあるとされ、賛歌や叙事詩を歌い上げ、悲劇や喜劇を上演することが祭祀における中心をなすと指摘される。このことは、ホメロスの叙事詩が各ポリスの祭礼で特定の箇所が吟唱詩人によって歌い上げられたり、アテナイのディオニュシア祭でアイスキュロス（Αἰσχύλος、前五二五～前四五六）の「オレステイア」三部作（『アガメムノン（ΑΓΑΜΕΜΝΩΝ）』、『供養する女たち（ΧΟΗΦΟΡΟΙ）』および『慈しみの女神たち（ΕΥΜΕΝΙΔΕΣ）』）やソフォクレス（Σοφοκλῆς、前四九七～前四〇五頃）の『オイディプス王（ΟΙΔΙΠΟΥΣ ΤΥΡΑΝΝΟΣ）』などの悲劇が上演されたことを念頭に置いている。

その一方で、芸術が諸個人の属する共同体の本質的なあり方を映し出したものであることが指摘される。ヘーゲルによれば、古代ギリシアの芸術が表現するのは、諸個人が生きて活動する上で立脚し、基盤とするものとしての「実体」である。

「芸術宗教のうちに自らの絶対的な本質の意識（das Bewusstsein seines absoluten Wesens）をもつところの、現実的な精神（der wirkliche Geist）とはいずれのものなのか、ということを我々が問うならば、そのことから結果として得られるのは、人倫的な精神（der sittliche Geist）、あるいは真の精神（der wahre Geist）がそれである、ということである。人倫的な精神は、あらゆる個別的な者の普遍的な実体（die allgemeine Substanz aller Einzelnen）であるだけにとどまらない。のみならず普遍的な実体が現実の意識に対して、意識の形態（die Gestalt des Bewusstseins）をとるのであるから、このことはその限りにおいて次のことを意味する。それはすなわち、個体化（Individualisation）をもつところの実体は、あらゆる個別的な者によって自分たちに固有の本質や作品として知られる、ということである」（GW9, 376）。

ここでいう「実体」は同時に「個体化」を兼ね備えるとされる。ホメロスの叙事詩に登場するゼウスやアテネやアポロン、アフロディテ、ヘパイストスなどの神々は実に生き生きと描写されており、ほとんど人間的とさえいえるような性格をもつものとして描写されている。また神殿に安置される彫刻も、たとえばベルヴェデレのアポロンやミロのヴィーナスのように、人間の形態をとるものとして造形されている。ただし生身の人間としてそうであるのではなく、理想形として表現されており、すなわちさまざまな個人にみられる偶然的なあり方を超越した普遍的なものとして表現されているのである。

このようなものとしての神々には、それぞれに司る独自の役割が割り当てられている。たとえばゼウスは天を、ポセイドンは海や航海を、アポロンは弓矢や医術や音楽を、アテナは知恵や技芸を、アフロディテは愛と美を、ヘパイストスは火と鍛冶を司るといったように。古代ギリシアの人々にとって、これらの神々を知るということは、自分とは異質なもの、かけ離れたものについて知ることなのではなく、かえって「固有の本質」を知ることであり、言い換えると、自分自身を高められたあり方において知ることなのである。

古代ギリシアにおいてはこのように、神々は強大で圧倒的な力をもつものとして立ち現れるのではなく、人間的な形態をとるものとして現れる。このような形態は、神々を知り、崇拝する人間の姿が理想形として高められたものであり、人々はこれらの形態に対して自分自身に対するようにして関わる。ヘーゲルによれば、このようにして現実の世界へと向かい、振る舞う諸個人が属する共同体は自由であると理解される。「人倫的な精神とは自由な民（das freie Volk）であり、習俗（die Sitte）は自由な民において万人の実体（die Substanz aller）をなしている。全ての者は、またそれぞれの個別的な者は、こうした実体の現実性や定在のことを自らの意志や行為として知る」（GW9, 376）。個人が自分自身を知るのは、自由な共同体の一員としてであり、なおかつこの共同体において崇められる神々に対して自らの理想形として関わることによる。

ホメロスの叙事詩に登場する英雄たちの中には、自らがゼウスの血筋を引く者であると誇らしげに名乗り出て戦いに赴く者も数多く出てくるが、そのことは古代ギリシアに特有な人間と神々との間の近しさに基づく。たとえば『オデュッセイア』の主人公であるオデュッセウスに対して、女神アテネは人間の姿に扮して現れ、危難に際して助言を与えている。古代ギリシア語には、人物に用いられる形容詞として διογενής（ディオゲネース）というものがあるが、これはまさに「ゼウスから生まれた」、「ゼウスの血を引く」という意味のものである。キュニク派の哲学者であるディオゲネス（Διογένης ὁ

Κυνικός、前三二〇頃没）や、『哲学者列伝（ΒΙΟΙ ΚΑΙ ΓΝΩΜΑΙ ΤΩΝ ΕΝ ΦΙΛΟΣΟΦΙΑ ΕΥΔΟΚΙΜΗΣΑΝΤΩΝ）』の著者として知られるディオゲネス・ラエルティオス（Διογένης Λαέρτιος、三世紀）の名前もこの言葉に由来する。

このようにみるならば、古代ギリシアの宗教においては現実からかけ離れた単なる空想の世界も、あるいは現実のいかなる形態も無意味なものとなるような彼岸の世界も問題とはなっておらず、むしろどこからどこまでも人間的なものの範囲内において一切がとらえられているといえる。ヘシオドスの『神統記（ΘΕΟΓΟΝΙΑ）』は、ゼウスが前の世代のティターン族との戦いに勝利し、オリュンポスの主神として君臨するに至るまでの経緯を物語る。その際、ティターン族の神々は、天（ウラノス）や大地（ゲー）や海（ポントス）や嵐（テュポン）など、自然の威力として理解される。ゼウスが自然の威力としての神々の世代に対して勝利することは、人間的なものに対して優位が与えられることを意味する。

人々は詩や彫刻などの芸術作品において形態化された神々を通じて、もっといえば、彫刻が安置される神殿や詩が上演される祭典で理想的なものとして提示される神々を通じて、自らを自分自身たらしめる人間的なものに対して思いを深める。「人倫的な精神の宗教とは、人倫的な精神が自らの現実性を超えて高まることであり、自らの真理から自分自身の純粋な知（das reine Wissen seiner selbst）へと立ち戻ることである」（GW9, 376）というヘーゲルの言葉はまさにこうした文脈において理解されよう。「芸術宗教」としての古代ギリシアの宗教においてはこのようにして、理想的なものとして高められた人間的なものを知ることを通じて〈自分自身とはそもそも何者であるか〉ということをそれぞれの個人が知るようになる。

個人の自立性の目覚め

古代ギリシアにおいてきわめて特徴的なのは、ひとが何をこれから行うべきか決定するのに神託に伺いを立てるということである。戦争を始めたり、植民をおこなったりといったような、ポリスにとって決定的に重要なことについてもそうであるし、結婚や子どもの将来や商売繁盛など日常の細かな事柄についてもそうである。ドドネやデルフォイなどの由緒ある神殿には、ギリシア各地から神託の告げる答えを求めようと人々が集まった。ソフォクレスの『オイディプス王』の冒頭では、度重なる災厄に見舞われるテーバイの事態を打開すべく、オイディプスが遣わしたクレオンがデルフォイから神託を持ち帰ってくる場面が描かれている。また、「汝自身を知れ」という名高い言葉はデルフォイにおいて発せられたのであった。

こうしたことが示すように、古代ギリシアでは自分が何を行おうとするのか、あるいは何を行うべきかということは、その個人の主体的な決定や決断を最終的な拠り処とするまでには至らなかった。その思考や行動において自らに立脚し、自らの意志を貫徹するというあり方は近代に特有なものである。もちろん、ひとが自らのあり方を自分自身で担うということはたしかにそのとおりだとしても、オイディプスやアンティゴネなど悲劇の登場人物に示されるように、その人物の生涯を背後で導き操るのは運命（μοῖρα、モイラ）なのである。ホメロスの『イリアス』第16歌でゼウスが自分の息子で人間の身であるサルペドンが今にも死にそうであるのを悲しみ、命を救ってやろうかどうか思案するものの、妻である女神ヘラに死すべき運命の身である人間を救ってやっても仕方のないことといさめられて思い止まる。神々ですら運命に逆らうことは出来ないのである。

人々が物事について自分で吟味し、自らの洞察や確信に基づいて行動することがみられるようになるのは、歴史的にみて比較的後になってからである。このことは〈個〉としての目覚めを意味するとともに、それまで立脚していた普遍的なものとしての「徳」や「習俗」からの分離をも意味する。こうした事情について、ヘーゲルは次のように述べる。

「人倫的な民は、自らの実体との直接的な統一のうちに生きており、かつ自己意識の純粋な個別性という原理（das Prinzip der reinen Einzelheit des Selbstbewusstseins）を自らのもとにもっていないのだから、人倫的な民の宗教は、その完成に至ってはじめてその存立から分離するようにして登場する。というのも、人倫的な実体の現実性は一方では、自己意識の絶対的な運動に対する、実体の静止的な不変性に基づくからであり、またこのことによって、自己意識が自らの静止的な習俗や〔習俗に対する〕自らの確固たる信頼から抜け出して自分自身へと向かうにはなお至っていない、ということに基づく」（GW9, 376）。

これによれば、人々が共同体の一員として共通して立脚する「習俗」のうちには、他のいかなるものでもない〈このもの〉としてのあり方が原理として含まれるにはなお至っていない。むしろ、〈このもの〉としてのあり方は原理の外側にとどまると理解される。普遍的なものとしての「習俗」はこのように、個人の生き生きとした活動的なあり方をそれ自身のうちに取り込んで固有の要素として内包することが出来ないままにとどまるのである。

このことを裏返していうならば、個人が自らの洞察や決断を確かなものとして行為の導きとし、自らの主体的な態度に基づいて振る舞うようになればなるほど、普遍的なものとしての「習俗」からますます離れてしまうことにつながる、ということである。「実体に対する静止的で直接的な信頼は、自分自身に対する信頼（das Vertrauen zu sich）へと立ち戻るのであり、自分自身の確信（die Gewissheit seiner selbst）へと立ち戻る」（GW9, 376f.）というように、自分が属する共同体の中で代々正しいものとして見なされ、受け継がれてきた規範や決まりごとにしたがうのか、それとも自分で正しいと思うところにしたがうのか、二者択一が迫られるのであって、同時に両方をとることが出来ないのである。こうしたことは神々に対する関係に対しても重大な帰結をもたらすこととなり、その結果、先祖代々崇めてきた神々など存在しないという無神論的態度が顕著にみられるようになる。

慣習として受け継がれてきたことに対する無関心さや軽んじる態度は、宗教的な場面においてばかりでなく、道徳的・社会的な場面においても同じように認められる。ヘーゲルは、個人が自らの自立性を絶対的なものであるとするような、こうしたあり方のことを「絶対的な軽薄さ（der absolute

Leichtsinn)」であると特徴付けて次のように述べる。

「人倫が完成して自由な自己意識（das freie Selbstbewusstsein）へと至ること、および人倫的な世界の運命とは、自分自身のうちへと向かった個体性（die in sich gegangene Individualität）であり、人倫的な精神の絶対的な軽薄さである。人倫的な精神は、自らの存立の確固とした区別の一切や、自らの有機的な分節化の集合を自らのうちに解消するとともに、自分自身を完全に確かなものとしつつ、無制約的な喜ばしさや自分自身のきわめて自由な享受へと至っている」（GW9, 377）。

個人はこのようにして自分がいかなるものにもとらわれることなく、社会的な規範にも、道徳的な価値にも、宗教上の儀礼や崇拝によっても拘束されることがなく、そのような不変的な決まりごとを無効化し、自らの判断するところこそ、物事の真相を表現しているとする。「こうした軽薄さが言い表す命題とはすなわち、「自己が絶対的な本質である（Selbst ist das absolute Wesen）」というものである」（GW9, 400）ということこそ、絶対的に自立している個人の到達する究極的なあり方である。

だがこうしたあり方は本当に究極的なものであるといえるのだろうか。もはや現実の世界のうちにいかなる拘束的なものも見出さず、自分こそが真の意味での現実性をなすのだといっても、果たして本当にそうであるといえるのだろうか。まさにこうした問いを正面から受け止め、他のいかなるものでもない〈このもの〉としての〈私〉のあり方を徹底的に掘り下げて問おうとするものこそ、〈弱さ〉

の宗教としてのキリスト教であるとされる。キリスト教においては、人間の完全さはそのような現実の世界からの完全な自立や自足性のうちにあるのではなく、むしろ自らの不完全さや不十分さを徹底的に自覚することのうちにあるというのである。次節では、この点についてみていくことにしよう。

2　キリスト教における自己認識

基本前提――三位一体と〈人間となった神〉

自己意識の思想の成立に対してキリスト教が重要な役割を果たしたことについてはすでに何度も述べてきた。〈私は私である〉ということは〈私が自分自身に向き合う〉ということである。ひとはそうすることで、自分が何者であるのかを熟慮し、本来あるはずのあり方を尋ね求めるとともに、そこから振り返るようにして現にあるあり方を見つめ直すようになる。

キリスト教によれば、個人のこうした内省は信仰の対象である神との関係においてこそ遂行され得る。すなわち個人は信仰の対象との関係において、自分が本来どのようにあるはずであり、またあるべきであるのか、ということを自らに問うとともに、そうした本来あるべきあり方との対比を通じて、現にある通りのあり方をとらえ返すというのである。

個人はこのとき、自分が信仰の対象からかけ離れており、ふさわしくない状態にあることを自覚する。神にはいかなる欠けたところもなく、絶対的に善いものである。人間はこれに対し、たとえどれほど卓越した能力や性格を備えていようとも、どこかしら欠けているところがあり、不完全である。またさらにいえば、神は無限で不滅であるのに対し、人間は有限で死すべきものである。キリスト教に限らず、どの宗教でも基本的にはこのように、神は人間から隔絶したものであるという理解が共通する。

だがキリスト教はこうした理解のもとにとどまらず、有限と無限をめぐる関係についてさらに先鋭化された理解を提示するのでもあって、そうすることで、人間の自己理解の新たな可能性を指し示している。その理解とはすなわち、有限と無限の両者は完全に隔絶するのではなく、むしろ有限な存在者としての人間のうちには、〈内なる無限〉というべきものが見出されるのであり、また無限なものとしての神自身のうちにも〈有限である〉ということが固有なものとして含まれている、というものである。無限なものとしての神のおける〈有限であること〉は、〈人間となった神〉としてのイエス・キリストのうちに示される。キリスト教では、神の子であるイエスは神にして人間であると教えられる。神であるとともに人であるイエスのうちには、無限なものとしてのあり方と有限なものとしてのあり方がともに認められる、というのである。

こうした教えをめぐっては、古代ローマ帝政期におけるキリスト教の成立以来、果たしてどのように理解すべきであるかについて激しい議論が交わされ続けてきた。三二五年のニカイア公会議はこうした議論に区切りを付ける重要な転換点をなしており、イエスを神によって造られた被造物であるとするアタナシウス派の主張が退けられた。その後、天にいる父なる神、子なる神としてのイエス、および父と子の両者から発出する聖霊は別々のものであるのではなく、同じ一つの神であるとする理解が確立され、「一つの本質、三つの位格（ペルソナ、una substantia tres personae）」という定式のもとに表されたのであった。

三位一体および〈人間となった神〉という教義についてはその成立以来、神学の内部にとどまらず、哲学的にもその意味するところについて探求がなされ続けてきた。そうした探求の営みは近代に至ってもなされてきた。特にヘーゲルはその哲学的思索の出発点から熾烈な関心を抱き続けてきた。ヘーゲルは当初、イエスを道徳の模範として理解しようとした。それはイエスのうちに示される完全な模範を手掛かりとして、現実の社会を改善するという理想を追い求めてのことであった。だが、人間とはその根本においてみるならば一体何であるのか、という問いを徹底的に深めていくにつれ、現実の世界よりも一層深い領域としての宗教それ自体に対する関心が増大していったのであった。

〈神が人間となった〉ということの意味——有限なものと無限なもの

ヘーゲルの主著の一つである『精神現象学』には「啓示宗教（offenbare Religion）」と題された章がある。この章をひも解くと、こうした思索の遍歴が随所に見え隠れする。同書では、神が人間となったという事態が次のように表現される。「神的な本質が人間的な本性をまとう（dass das göttliche Wesen die menschliche Natur annimmt）という、こうしたことのうちには、両者が自体的には分かたれていない、ということがすでに言い表されている」（GW9, 415）。この文章のうちには、「神的な本質」

のうちには人間的なものが固有なものとして含まれており、「神的な本質」にとって人間的なものは疎遠ではない、ということが含意されている。

このことが果たしてどのようにして可能であるのか、ということこそまさに問われるべき問題である。その際にヘーゲルが注目するのは、〈神が人間となった〉ということの意味である。「神的な本質」は手の届かない彼岸に存在するのではなく、有限な存在者である人間が生きて住まうこの現実の世界において現れたのであり、しかも生身の人間として現れたのであった。「神的な本質」はこのようにして、自己意識のかたちをとるものとして特徴付けられる。次に挙げる引用では、「神的な本質」に特有な自己意識についてこう述べられている。

「絶対的な精神（der absolute Geist）が自分自身に対して、自己意識の本質を自体的に与えたのであり、またそうすることで自らの意識に対しても与えた、ということは次のようなこととして現れている。そのこととはすなわち、精神が自己意識として現に存在しており、すなわち現実の人間（ein wirklicher Mensch）として現に存在するということ、精神が直接的な確信に対して存在するということ、信仰する意識（das glaubende Bewusstsein）がこうした神性を見て、感じて、聞いているということが世界の信仰である、ということである。このようにみるならば、こうしたことは想像上の出来事であるのではなく、むしろ実際にその通り生じているのである（es ist wirklich an dem）」（GW9, 404f.）。

先にみた引用では神のことが「神的な本質」と特徴付けられていたが、ヘーゲル自身の規定によれば、神は「精神（der Geist）」として理解されるのであり、それも「絶対的な精神」として理解されるというのである。こうした理解は歴史的に遡るならば、古代キリスト教世界における三位一体としての神についての議論の系譜に連なる。教父最大の人物であるアウグスティヌスは『三位一体』の中で、人間的精神の特性やはたらきについてきわめて多様な角度から論じていたが、注目すべきことに、父・子・聖霊という三つの位格にして一つの本質である神の似像として人間的精神の本質を特徴付けていた。十五世紀になると、ドイツに生まれてイタリアで活躍した哲学者・神学者ニコラウス・クザーヌス（Nocolaus Cusanus、一四〇一～一四六四）は、『精神についての素人考（*idiota de mente*）』と題した論考の中で人間的精神について論じるとともに、神を「絶対的な精神（mens absoluta）」と特徴付けている。クザーヌスは「絶対的な精神」を人間的精神の原像であるとして両者の関係について詳細に論じており、アウグスティヌス的な似像の理解をさらに推し進めている。

ここでヘーゲルに話を戻すと、神が「精神」であるということはすなわち、それ自身が何であるのかを神が覆い隠すことなく、人間に対して明らかにするということである。有限な存在者である人間にとって、信仰の対象が窺い知れないような隔絶したものであるのではなく、むしろ近付くことが出来るということ、このことこそまさにヘーゲルがキリスト教を「啓示宗教」として特徴付けることの意味である。この場合の〈信じる〉ということは同時に、〈知る〉ということなのでもある。ここで『精神現象学』に改めて目を向けるならば、そのことについては次の文章で明確に述べられていることに気付く。

「神は存在するその通りに明らかとなっている。神は自体的に存在するまさにその通りに、現に存在する。神は精神として現に存在する。神はひとえに純粋で思弁的な知（das reine spekulative Wissen）においてのみ、獲得され得るのであり、かつ純粋で思弁的な知においてのみ存在するとともに、純粋で思弁的な知そのものであるが、それというのも、神とは精神であるからである」（GW9, 407）。

このようにみるならば、キリスト教の登場は同時に、〈私は私である〉という自己意識の立場に立脚した近代哲学の幕開けを準備するものでもあることが分かる。だが注意すべきは、宗教はあくまでも宗教なのであって、哲学のように限られた相手だけを対象とするのではなく、およそ人間である限りの誰に対しても開かれているというようにして、宗教と哲学の間に区別が立てられていることである（ただしヘーゲル自身は『精神現象学』を哲学することへの導きであるとして、万人に対して開かれたものとして構想したのではあるが）。たとえどのような生まれであろうと、どのような身分であろうと、あるいはどのような職業であろうと、人間は神の前では平等であり自由であるという、こうした理解こそ、キリスト教が古代世界において各地に広まっていったゆえんをなすものである。すなわち人間は神の前では誰でもが本来自由なものとして生まれついている、というのである。

〈人間となった神〉は、ひとがそうであるのとまさに同じような自己意識として存在しており、現実に存在する生身の人間としてとらえられるとともに、本来的には純粋な知の境地においてこそあるがままに明らかとなっている。きわめてありふれたあり方ときわめて高次のあり方が同じ一つのものにおいて両立しているということ、まさにこのことこそ「啓示宗教」を特徴付けるものである。

有限なものであるということの意味――神は死せり

キリスト教は弱者の宗教であると言われる。そのことは新約聖書の各文書そのものをひも解くことによっても、あるいはその成立と伝播の状況をたどることによっても確かめられる。イエスの弟子や信者として集まったのは、奴隷や漁師などといったように、いずれも貧しく、社会的に虐げられている者たちばかりであった。

先にみたように、古代ギリシアでは神々に対する関係はアレテー、すなわち卓越した能力や徳と結び付いていた。ひとが勇敢さや豪胆さなどの卓越した力を備えればそれだけますます神々しいのであり、そのような者に対して神々は姿を表すとともに守護する。アキレウスやアガメムノン、さらにはオデュッセウスなど、ホメロスの叙事詩に登場する英雄たちはその最たる例である。他の宗教の場合でも、神々に嘉せられるのは主として卓越した人物、傑出した人物であり、日常生活の掟や神聖な定めを厳格に守る人物こそが神々に最も近い位置にあるとされていた。だがこれに対し、キリスト教において重視されるのはへりくだることなのであって、身を高くすることではない。その反対に自らを卑しめれば卑しめるだけ、ひとは浄福であるようになり得る、というのである。

それだけにとどまらない。単に信じる者の側が自らの弱さを認め、自分だけでは何ももっておらず、自分に備わるすぐれたもの、卓越したものの一切は信仰の対象である神に負っていると告白するだけなのではない。当の信仰の対象自身が人間となることによって、自分自身を低めている。こうしたことによって神としてのあり方が失われるわけではない。かえってまさにそうすることによってこそ、信仰の対象は最高のものとして示されるのである。〈高さ〉と〈低さ〉の間のこうした逆転的な関係については、『精神現象学』では次のように表現される。「絶対的な本質は現実の自己意識として存在するのだが、その永遠なる単純さから降りているように見えるものの、実際にはそうすることによってはじめて、その最高の本質を達成したのである」（GW9, 406）。

本質とは現実に存在するものを成り立たせるものである。神が本質であるということは、現実の世界のうちに存在するものの一切が神によって成り立っているということである。こうした理解は『旧約聖書』「創世記」冒頭の「はじめに神は天と地を造った」という言葉や、『新約聖書』「ヨハネによる福音書」冒頭の「はじめにことばがあった。ことばは神とともにあった。ことばは神であった」という言葉のうちに集約されている。ひとの生命も身体も、「徳」としてまとめて言い表されるようなすぐれた心的・知的能力の数々も、あらゆるものを存在させる「絶対的な本質」に負うというのである。注目すべきなのは、こうした「絶対的な本質」それ自身が現実の世界のうちに存在するようになる、ということである。まさにこのことによってこそ、「絶対的な本質」はそのものとして存在するのである。

「最も低いものは最高のものであり、まさにそれゆえに、完全に表面へと現れ出ているような明らかなものは最も深いものである。それゆえ最高の本質が、存在するところの自己意識（ein seiendes Selbstbewusstsein）として見られ、聞かれる等々ということは実際には、最高の本質の概念が完成することとである。また本質はこうした完成によってこそ、本質であるまさにその通りに、現に存在する」（ibid.）。

ヘーゲルによれば、「啓示宗教」としてのキリスト教において達成される自己意識は、信仰の対象である〈人間となった神〉を通じて、信仰する個人が他ならぬ自分自身のうちに見出すものであり、信仰する個人がまさにそれであるところの当のものである。信仰する個人は自分とは別のもの、自分とはかけ離れたものを見出すのではなく、一見かけ離れているように見えたものが実は他ならぬ自分自身のうちに探し求められるべきである、ということに気が付くのである。

普遍的なものとしての自己意識——共同体の中における自己意識

さらには、〈人間となった神〉に対する信仰はその個人だけのものであるのではなく、およそ人間である限りの誰に対しても開かれたものである。現実の自己意識となった「絶対的な本質」に対する関係は特定の個人の占有であるのではなく、誰もが自分自身において関係することが出来る。すなわち信仰とは共同体の信仰なのである。

このような共同体とは「教団」のことである。人々は家族や地域や社会、あるいは国家という領域において共同体の一員として存在するだけでなく、宗教という領域においても共同体を営むようにして存在する。イエスが十字架にかけられ、生身の個人としてのあり方が消失するに至ってはじめて「教団」が成立する。ヘーゲルは「教団」において獲得される自己意識を「教団の普遍的な自己意識」であるとして次のように述べる。

「絶対的な本質として知られたものの直接的な定在が消失することにおいて、直接的なものはその否定的な契機を得るに至る。精神は、現実性の直接的な〈自己〉(unmittelbares Selbst der Wirklichkeit) であり続けるものの、教団の普遍的な自己意識 (das allgemeine Selbstbewusstsein der Gemeine) としてそうなのである。教団の普遍的な自己意識がそれ自身に固有の実体のうちに安らっているのと同じように、実体は教団の普遍的な自己意識において、普遍的な主体 (allgemeines Subjekt) である」(GW9, 408)。

キリスト教において決定的に特徴的なのは、神自身が死ぬということである。初期の教父であるテルトゥリアヌス (Quintus Septimus Florens Tertullianus、一五五／一六〇頃～二二〇頃) のものとされる

「不条理であるが故に我信ずる（credo quia absurdum）」という言葉は、永遠不動にして最高であるはずのものが十字架における死という最も低いもの、最もみじめなものを受け容れるさまを集約したものといえる。イエスが十字架にかけられる場面は宗教芸術においてもきわめて重要な位置を占めている。ペーテル・パウル・ルーベンス（Peter Paul Rubens、一五七七～一六四〇）による『キリスト昇架』と『キリスト降架』（いずれもアントワープ、聖母大聖堂所蔵）などの祭壇画や、ヨハン・セバスティアン・バッハ（Johann Sebastian Bach、一六八五～一七五〇）の『ヨハネ受難曲』と『マタイ受難曲』などはその最たる例である。

ヘーゲルはその哲学的思索の出発点から神の死が意味するところを徹底的に考え抜こうとしてきた。そのことは、フランクフルト期の一連の神学草稿をみれば明らかである。ヘーゲルによれば、神の死という出来事は自己意識が普遍的なものとなるために不可欠である。なぜなら、〈人間となった神〉は生身の現実の存在者である限り、信じる者にとってあくまでも対象的なものであり、その限り、信じる者自身の〈自己〉とは区別されるものにとどまるからである。

だがひとはあくまでも他のいかなるものでもない自分自身においてこそ、まさしく〈自己〉であらねばならない。そうであってこそ、はじめて本当の意味で〈私は私である〉ようになるのである。このことは宗教の場面においてもやはりそうなのである。だからこそ、ヘーゲルは神の死が自己意識のあり方に対してもつ意義を次のように述べるのである。

「仲保者の死、それも〈自己〉によってとらえられた死とは、仲保者の対象的なあり方を止揚することであり、言い換えると、仲保者の自分自身に対する特殊な存在を止揚することである。このように特殊であるような、自分自身に対する存在は、普遍的な自己意識（allgemeines Selbstbewusstsein）となっている。他方では、普遍的なものはまさにこうしたことによって、自己意識となっており、また単なる思考の純粋なあるいは非現実的な精神は、現実的となっている。仲保者の死とは、仲保者の自然的な側面の死のことであり、言い換えると、仲保者の特殊であるような、自分自身に対する存在の死のことである。本質から引き離されてすでに死せる覆いが死ぬだけなのではなく、神的な本質という抽象（die Abstrakiton des göttlichen Wesens）も死ぬのである」（GW9, 419）。

「仲保者（der Mittler）」とは人間と神の間を取り成す役割を果たす者のことである。ここでは二つの側面が「仲保者の死」を通じて否定されると述べられている。一方では「自然的な側面」、すなわち信じる者と同様に生身の姿として現実に存在しており、見たり聞いたりというように感覚的なあり方をすることが否定される。他方では「神的な本質」、すなわち有限な存在者としての人間を超越しており、彼岸に存在するというあり方もまた否定される。こうした二重の否定を介してこそ、〈人間となった神〉は信じる者自身の〈自己〉において見出されるようになるのであり、なおかつ、信じる者自身の〈自己〉を普遍的なものたらしめるのであり、「教団」という宗教的な共同体において個人どうしを結び合わせるのである。

このようにして、それぞれの個人は宗教においてこそ自らの内奥へと立ち戻り、自らの内奥において本当の意味で〈私は私であるようになる〉と理解される。ヘーゲルはこのことを次のようにきわめて印象深い表現で言い表す。

「こうした表象の死は、神的な本質という抽象の死を同時に含んでいる。神的な本質は〈自己〉として定立されていない。神的な本質という抽象の死は、神自身が死んでしまっているという、不幸な自己意識の苦痛に満ちた感情（das schmerzliche Gefühl des unglücklichen Bewusstseins, dass Gott selbst gestorben ist）である。こうした厳しい表現とはきわめて内的なかたちで、自分自身を単純に知るはたらきの表現であり、自我＝自我という夜の深み（die Tiefe der Nacht des Ich=Ich）へと意識が還帰することである。自我＝自我という夜の深みは、自分自身以外のいかなるものをもはや区別することもなければ、知ることもない」（ibid.）。

このようにして〈人間となった神〉およびその死を核心とするキリスト教において、〈私は私である〉ということがその最も深いところで立ち現れている。宗教という、自己意識にとって根底をなす領域の中でも、最も深いところで「自我＝自我」ということがそれぞれの個人に対して変容されたかたちで立ち現れるのである。

けれどもまだここで終着点なのではない。なぜなら、信じる者にとってはあくまでも自らの最内奥こそが重要なのであって、その限りにおいて、自らが立脚する現実の世界は最内奥のものによってはなお満たされていないからである。だが信じる者は現に生きているのであって、一方ではその生の源泉を自らの最内奥に求めつつ、他方では現実の世界へと向かって活動することで、現実の世界をとらえ返す必要がある。終章では、こうしたことについてさらにみていくことにしよう。

終　章　〈自己意識の学〉としての哲学

――〈私は私である〉ということの本質と射程

自分自身に向き合うということ――善と悪

ここまでの考察では、宗教における自己意識の位置付けについてみてきた。キリスト教において特徴的なのは、信仰の対象である神自身が信仰する者たる人間と同じように現実の自己意識として存在する、ということである。このことを言い換えるならば、人間的本性と神的本性が完全に異質であるのではない、というように表現される。神学的な言い方をすれば、ひとは〈人間となった神〉を手本とすることで自らを高めて、よりすぐれたあり方となることが出来るようになる、ということである。

ヘーゲルの『精神現象学』の「啓示宗教」章では、こうしたことについて善と悪をめぐる問題として論じられている。すなわち『旧約聖書』の「創世記」第二～三章におけるアダムとエヴァの楽園追放の物語では、楽園に植えられた木にある果実を食べてはならないという、神の掟を破ることによって、アダムとエヴァは自分たちが悪であることに気付いたのであり、かつその結果として、ひとは皆アダムとエヴァの子孫である限りにおいて遺伝的に悪であるようになったとされる。ヘーゲルによれば、こうした神話的な理解のうちには他ならぬ〈自覚〉の契機が認められるというのである。神の命じることに素直に従うあり方は善である。これに対し、掟に背いて果実を食べたアダムとエヴァは悪となっており、かつそのことを自覚している。彼ら二人は悪となることによって楽園から追放されるのであり、神から遠ざかってしまっている。

こうした神話的物語のうちには、人間の否定的な側面だけが示されているのではない。むしろそこには同時に積極的な側面も認められる。すなわちひとは悪となることによって、自分が現にどのようなあり方をしているのか、ということに気付くようになる。ここには自覚のはたらきが認められるわけである。ひとはこのようにして自分自身に向き合うようになり、自分が本来何者であるはずなのか、ということについて思いを巡らすようになる。

こうしたプロセスのことを、「自分自身のうちへと向かうこと（das Insichgehen）」（GW9, 412）とヘーゲルは表現する。神の掟に背き、楽園から追放されることはかえって、他のいかなるものでもない自分自身とは一体何者であるのか、ということに思いを致すように促し、本来あるはずの自分自身であるように促す機縁となるのである。「定在する意識がこのように自分自身のうちへと向かうことは、自分自身に等しくなくなること（das sich selbst ungleich Werden）として直接に表されるのだから、悪（das Böse）は、自分自身のうちへと向かう意識の最初の定在〔一定のかたちの存在〕として現れる」（ibid.）。もちろん、だからといって悪にとどまるべきであるというのでは決してない。そうではなくて、ひとは善であるようになるべく絶えず努めなければならないというのである。

ヘーゲルによれば、こうした目標は単なる努力にとどまるのではなく、達成可能であると理解される。そしてまさにそのことを示すものこそ、〈神の死〉であるというのである。永遠不動であるはずの神が生身の人間となって十字架にかけられて死ぬということ、このことは他でもなく人間という有限な存在者にみられる弱さや脆さ、限界や制約などが神にとって疎遠なものであるのではなく、かえって神それ自身のうちに固有なものとして引き受けられているというのである。少々長くなるが、そのことについて明確に述べた箇所をここで引いてみよう。

「神的な本質が自分自身をはじめから外化し（sich selbst von Anfang entäußert）、神的な本質の定在が自分自身のうちへと向かい、悪となるということのうちには、はっきりと言い表されていないものの、次のことが含まれている。そのこととはすなわち、こうした悪しき定在は自体的には、神的な本質にとって異質なものではない、ということである。もし仮に、絶対的な本質が本当に悪しき定在にとって他なるものであるとすれば、またもし仮に、絶対的な本質からの離反（ein Abfall von ihm）といったものがあるとすれば、絶対的な本質は〔絶対的な本質という〕こうした空虚な名前をもつに過ぎないだろう。自分自身のうちに存在するという契機はむしろ、精神の〈自己〉の本質的な契機（das wesentliche Moment des Selbsts des Geistes）をなす」（GW9, 415）。

宗教においてはこのようにして、他ならぬ信仰の対象そのもののうちに善と悪の和解の可能性が示されている。〈人間となった神〉の生涯を模範とすることで自らの生を正しい方向へと導こうと努めることは、キリスト教的生を特徴付けるあり方である。

だがこうした努力や格闘の段階にとどまるならば、なお不十分であると言わざるを得ない。なぜなら、信仰に生きる人間にとってはあくまでも対象のうちに〈私〉というものの本質が明らかとなっているだけにとどまっており、この本質を他ならぬ自分自身のうちに見出すには至っていないからである。他のいかなるものでもないこの〈私〉は、自らの内面においてはよりすぐれたものであるはずである。にもかかわらず、信仰に生きる人間にとって自らの現実のあり方はそうしたよりすぐれたものとはなおかけ離れたままにとどまる。

ひとは宗教において自らの内面へと深まっていく。見たり聞いたりというように感覚的にとらえられるもの、何度も観察したり経験することで理解されるもの、自分が活動する場である現実の世界において通用するさまざまなきまりや規則や法則、あるいは振る舞いや態度を律する規範、こうしたものはひとが生きて行く上でいずれも不可欠である。こうしたものは人間が生きていく現実をかたちづくる上で不可欠なものばかりである。だがその一方でそういった一切にとらわれないような、独立した自由な領域がおよそ人間である限りの誰にとっても存在する。そのような領域とは内面のことである。ひとは内面という領域においてこそ、本当の意味で自由なのである。なぜならこうした領域こそ、それぞれの個人をまさに人間たらしめる本質であるからである。

とはいえ、ひとは宗教においては自分をまさしく自分自身たらしめるはずの本質を自分自身のものとして獲得していない。そのためにはさらに、個人自身による活動という契機が不可欠である。ひとはいつの間にか自分自身として存在するというのではない。そうではなくて、自分とは一体何者であるのかを自覚し、そうした自覚に基づいて自らの本質的なあり方を引き受けて担うことによってこそ、本当の意味で自分自身であるようになるのである。そしてこのような意味での活動とは〈知る〉ということにほかならない。そして〈知る〉はたらきを遂行するものこそ哲学である。以下では、すぐれた意味での活動としての〈知る〉はたらきとは一体どのようなものであるかについてみていこう。

真の意味での活動とは〈知〉である

ひとは生きている限り、常に何らかの仕方で活動する。たとえ休息しているのであろうと、立ち止まって何かを考えるのであろうと、そのこと自体ある種の活動なのである。そうであってみれば、自分自身の内面的なものへと立ち返ることは、ひときわすぐれた意味での活動であるといえる。なぜならそのことは、あらゆる活動が発する源へと遡ることを意味するからである。自分はそもそも何者であり、本来何を目指しているのか。ひとはこうしたことに思いを致すことによって、自らの生の方向付けを再確認し、そうした方向付けにしたがって自らの生を担う。

だがそれだけではない。ひとは何かを行うにあたって、果たしてそのように行うのが正しいのかどうか、手段は適切であるかどうかなどを吟味・熟考する。その上で、熟考の末に決断した通りに行うのが正しいのだ、というようにして自分が行うことを確信している。こうした熟考や確信はどのような対象に関わるのであろうと、常にきわめて重要な役割を果たす。そのことは学問的に物事を考える場合でも、共同体の中で活動する場合でも、ある行為が道徳的に正しいかどうかを判断する場合でも変わりない。

そして宗教においてもまさに同じことが当てはまる。たとえ〈神が人間となる〉ということが宗教の絶対的な内容であるとしても、ただ単にそうなっているのだとして、生じている事実をそのまま受け止めるだけでは不十分である。のみならず、絶対的な内容をまさしく絶対的であるとして洞察するとともに、その洞察を通じて内容を自分自身のものとして獲得し、そうすることで自分自身をとらえ返す必要がある。

絶対的な内容は、各人が自分自身で獲得していくという主体的なプロセスを通じてこそ、まさしく絶対的であるとして確証される。こうした主体性に基づく個人のあり方のことを、ヘーゲルは「行動的で自分自身を確信する精神（der Handelnde seiner selbst gewisse Geist）」（GW9, 426）と特徴付ける。ここでいう〈行動すること〉は、究極的には〈知〉として示される。なぜなら、行動の対象となり得る最高のものとは何であるかということや、行動すること自体の意味がどのようなものであるかということや、行動する主体としての個人自身がそもそも何者であるかということが当の個人自身に対して明らかとなるからである。こうした事情についてヘーゲルは次のように表現する。

「精神は定在する〔一定のかたちで存在する〕ことによってはじめて精神であり、自らの定在〔一定のかたちの存在〕を思想へと高め、またそうすることで絶対的な対立（die absolute Entgegensetzung）へと高め、かつ絶対的な対立からして、他ならぬ絶対的な対立を通じて、かつ絶対的な対立そのものにおいて〔自分自身へと〕還帰することによってはじめて精神である。精神は行動するというこうした運動によって、知という純粋な普遍性（reine Allgemeinheit des Wissens）として立ち現れる。ここでいう知とは、自己意識のことである。また精神は自己意識として立ち現れるのだが、ここでいう自己意識とは、知という単純な統一（einfache Einheit des Wissens）のことである」（GW9, 427）。

ここに挙げた文章はきわめて複雑な表現をいくつも含んでおり、それぞれに慎重な解釈を要する。だが少なくとも次の点ははっきりと見て取れる。すなわち、〈精神である〉というそのあり方は同時に〈知〉として理解されるのであり、しかもこの場合でいう〈知〉は、自分自身に無関係なもの、疎遠なもの、外側に存在するに過ぎないものであるのではなく、むしろ「自己意識」なのであり、言い換えると、〈知る〉というはたらきを行う当の本人自身に他ならないのである。それも、ここでいう「自己意識」は、他のいかなるものでもない〈私〉が自分自身において、自分自身によって、かつ自分自身として知るというようにして「統一」をかたちづくる。しかもこの場合の「統一」は、「絶対的な対立」を経た上で立ち現れるという点が特徴的である。

現実の世界と彼岸、人間的本性と神的本性、善と悪、有限と無限というように、ひとはこうしたものの間にまたがるようにして存在する。もし仮に、どちらか一方の側に立つだけならば、そもそも対立は差し迫ったものとはなり得ないだろう。なぜなら、全く窺い知れないもの、手の届かないもの、自分自身の本質とは無関係なものであれば、その個人の存立そのものを左右するほどの力をもたないからである。そうではなくて、ひとは「絶対的な対立」の間で揺れ動きながら、自分で自分のあり方を見極めて決定しなければならないのである。そうすることによってこそ、ひとは自分自身が一体何者であるかを見極めることが出来るようになる。

〈私は私である〉ということの本質としての自由

ここでヘーゲルのもう一つの主著である『大論理学（*Wissenschaft der Logik*）』（一八一二〜一八一六）の「概念論」に目を向けてみよう。そのはじめの箇所では、自由と必然性の関係について議論がなされている。そこでは、「自由とは、必然性の真理である（die Freiheit die Wahrheit der Notwendigkeit ist）」（GW12, 14）という、きわめて注目すべき思想が語られている。自由とは、いかなる外的なものにも拘束されることなく、自発的であるということである。だからといって、いかなるものにもとらわれていないというのではない。そうではなくて、自分がまさにそれであるもの、本質的なあり方、こうしたものはまさに本質的であるのだというようにして、各人自身によって洞察されねばならない。そうであったりなかったりするということは、あくまでも偶然性の域にとどまる。むしろ他の仕方ではあり得ないようなもの、自分が生きて活動するために無くてはならないようなもの、欠かすことのできないようなもの、もっといえば、〈私〉が存在することを成り立たせるような本質的なもの、このような意味での必然的なものを自分で引き受けて担い、耐え抜く者こそ本当の意味で自由なのである。
ヘーゲルによれば、自由は単に人間の性質や状態といったものであるだけにとどまらない。人間が活動するさまざまな領域やその中で関わるさまざまな対象をひっくるめて、その本質をなすのが自由であるというのである。「自由とは、必然性の真理である」という考えが表明されている『大論理学』は、「純粋な思想」の境地を叙述するものである。まさにこうした境地こそ、哲学が展開される本来の場所である。ここで改めて『精神現象学』を振り返ると、そこでは「純粋な思想」が〈知〉として言い表されていることに気付く。その最後の章である「絶対知（Das absolute Wissen）」から次の文章を引いてみよう。

「宗教において内容であったもの、言い換えると、別のものを表象するはたらきの形式（Form des Vorstellens eines anderen）であったものは、ここでは〈自己〉の固有な行い（eigenes Tun des Selbsts）である。概念（der Begriff）こそ、内容が〈自己〉の固有な行いである、ということを結び合わせる。というのも我々がみるように、このような概念とは、〈自己〉があらゆる本質性にしてあらゆる定在〔一定のかたちの存在〕（alle Wesenheit und alles Dasein）としての自分自身において、行いを知ることであり、この主体を実体として知ることであり、なおかつ実体のことを、自らの行いをこのように知るはたらきというかたちで知ることであるからである」（GW9, 427）。

このようにみるならば、哲学はただ単に物事の真のあり方を内容として客観的にとらえるだけの営みにとどまらないことが分かる。もし仮にそのようにとらえられるならば、内容はとらえるはたらきを行う者にとってあくまでも無関係なものであるに過ぎず、その本質にはかかわらないようなものにとどまることになろう。だが哲学において問い求められるものであれ、自然の法則や社会生活のさまざまな法・規範、道徳的な振る舞い方の基準であれ、芸術作品の美しさであれ、有限な存在者としての人間よりも高次であるような無限なものとしての信仰の対象であれ、これらはいずれもひとが生きて活動する上でなくてはならないものである。

「実体」とは、このような不可欠で本質的なもののことを指している。だが「実体」がまさに「実体」たり得るのは、そうしたものに根差してさまざまな営みを行う個人の活動的なあり方を通じてこそそうなのである。「実体」はそれぞれの個人が他のいかなるものでもない、この〈私〉として存在することを成り立たせるとともに、〈私は私である〉ということが成り立つことによってこそ、はじめてその真の意義を得る。だからこそ次に挙げる言葉にみるように、ヘーゲルは哲学が展開される本来の場所としての〈知〉のことを〈私〉として言い表すのである。

「こうした知の本性、諸契機および運動は、知とは自己意識が純粋に自分自身に対して存在すること（das reine Fürsichsein des Selbstbewusstseins）である、ということから生じたのであった。知とは〈私〉であり、他のいかなるものでもないこの〈私〉（dieses und kein anderes Ich）であるのと同じように、直接的なかたちで媒介されており、言い換えると、止揚されて普遍的であるような〈私〉（aufgehobenes allgemeines Ich）である」（GW9, 428）。

ここにみる文章では、〈私は私である〉ということは、〈このもの〉としての〈私〉にとってのものであると同時に、「普遍的」であるとされる。〈私〉の存在はさまざまな対象や領域との関わりを通じてはじめて獲得されるものである。こうした関わりにおいて、ひとは絶えず自分自身であり続けるとしても、そうしたあり方自体「媒介された」ものなのであって、すなわち他のさまざまなものとの関わりや経験を通じて獲得されたものなのであって、それだけで成り立つのでは決してない。しかも、これまでの論述で労働や教養形成についてみてきたように、ひとは活動を通じて自分のあり方を形成するのであり、それまでとは違うあり方をするようになり、一般的に通用するようなあり方をするようになる。「止揚」というヘーゲル独自の言葉遣いは、こうしたプロセスにおける自己否定のことを言い表すと同時に、自己否定を通じて高められたあり方が獲得されることとして言い表している。

注目すべきことに、ヘーゲルによれば〈私〉は「純粋な否定性（die reine Negativität）」（GW9, 428）として理解される。このことは消極的な意味で理解すべきではない。むしろ〈私〉は本来いかなるものにもとらわれることがないのであって、そのことは、見たり聞いたりするといった外的感覚においてもそうであり、宗教における信仰の対象との関係においてもそうであるということ、このような意味での自由なあり方のことを「否定性」は示しているのである。

しかもこのことは、「知」という哲学が展開される本来の場についてもやはりそうである。なぜなら、ひとは〈私は私である〉ということを純粋な仕方で達成するとしても、そこで終わりであるのではなくて、かえってそこからふたたび活動へと向かうことで、自分の本質的なあり方を現実の世界において貫く必要があるからである。そうであってこそ、本質は一切のあり方を成り立たせるといえる。「〈私〉は他であるというそのあり方において、自分自身のもとに存在する（dass Ich in seinem Anderssein bei sich selbst ist）」（GW9, 428）というヘーゲルの言葉は、まさにこうした意味において理解されよう。〈知る〉というはたらきを遂行する〈私〉が活動へと向かい、自らの立脚する現実の世界において自らを形成し、自己実現するというプロセスを通じてこそ、〈真理の探究〉としての哲学は人間的営みの中できわめてすぐれたものとして示されるのである。

読書案内

ここでは、それぞれの論述で取り上げた哲学者やその著作について、日本語訳を挙げるとともに、読者のさらなる理解の助けとなる入門書・研究書を紹介しよう。これらを手掛かりに、読者各自の思索が深まることとなれば幸いである。

序　章

アリストテレス『ニコマコス倫理学』の翻訳

・アリストテレス『ニコマコス倫理学』上・下巻、高田三郎訳、岩波書店、一九七一年
『アリストテレス全集13　ニコマコス倫理学』加藤信朗訳、岩波書店、一九七三年
・アリストテレス『ニコマコス倫理学』朴一功訳、京都大学学術出版会、二〇〇二年
『アリストテレス全集15　ニコマコス倫理学』神崎繁訳、岩波書店、二〇一四年
・アリストテレス『ニコマコス倫理学』上・下巻、渡辺邦夫・立花幸司訳、光文社、二〇一五〜一六年

アリストテレスの『ニコマコス倫理学』の邦訳はいずれもすぐれたものばかりで、それぞれに訳文や文体の工夫がなされており、可能であれば、複数を比べ合わせながら読むと理解が広がるだろう。

『ニコマコス倫理学』の入門書・研究書

・岩田靖夫『アリストテレスの倫理思想』岩波書店、一九八五年
・J・O・アームソン『アリストテレス倫理学入門』雨宮健訳、岩波書店、二〇〇四年
・菅豊彦『アリストテレス『ニコマコス倫理学』を読む――幸福とは何か』勁草書房、二〇一六年
日本語で読める『ニコマコス倫理学』の文献は意外に少ないが、これらはいずれも出色である。最初に挙げたものは徹底的な掘り下げの点で模範的である。後者の二冊は、現代の徳倫理学の立場からアプローチする点に特色がある。

デカルトの翻訳

・デカルト『方法序説』谷川多佳子訳、岩波書店、一九九七年
・デカルト『省察、情念論』野田又夫他訳、中央公論新社、二〇〇二年
・ルネ・デカルト『方法序説』山田弘明訳、筑摩書房、二〇一〇年
・ルネ・デカルト『省察』山田弘明訳、筑摩書房、二〇〇六年
デカルトの『方法序説』も『省察』もすぐれた翻訳が揃っている。これ以外にも、『省察』につい

ては詳細な註解も公刊されているほどである。こちらも出来れば、それぞれ比較しながら読み進めたいところである。

デカルトの入門書

・野田又夫『デカルト』岩波書店、一九六六年
・小林道夫『デカルト入門』筑摩書房、二〇〇六年
・谷川多佳子『デカルト『方法序説』を読む』岩波書店、二〇一四年
・村上勝三『デカルト形而上学の成立』講談社、二〇一四年
・ロランス・ドゥヴィレール『デカルト』津崎良典訳、白水社、二〇一八年

デカルト関係の日本語文献もここ数年で非常に充実してきた。そのことは、ここ最近形而上学の見直しが起きつつあることと無関係ではないだろう。いずれの本も、近代という時代の成立や理性、合理主義などについて考える場合に必読である。

カント道徳哲学の翻訳

・カント『プロレゴーメナ――人倫の形而上学の基礎づけ』野田又夫他訳、中央公論新社、二〇〇五年
・イマヌエル・カント『カント全集7　人倫の形而上学の基礎づけ・実践理性批判』有福孝岳・牧野

英二編、坂部恵・平田俊博・伊古田理訳、岩波書店、二〇〇〇年
・I・カント『道徳形而上学の基礎づけ』宇都宮芳明訳・注解、以文社、一九八九年
・I・カント『実践理性批判』宇都宮芳明訳・注解、以文社、一九九〇年
・イマヌエル・カント『実践理性批判――倫理の形而上学の基礎づけ』熊野純彦訳、作品社、二〇一三年

カントについてもここ最近翻訳が非常に充実してきた。宇都宮訳は註解が大変参考になる。また熊野訳はカントの緊張感に満ちた文体を出来る限り平易に訳出している点ですぐれる。

カント道徳哲学の入門書・研究書

・高峰一愚『カント実践理性批判解説』論創社、一九八五年
・御子柴義之『自分で考える勇気――カント哲学入門』岩波書店、二〇一五年
・ヘンリー・E・アリソン『カントの自由論』城戸淳訳、法政大学出版局、二〇一七年
・秋元康隆『意志の倫理学――カントに学ぶ善への勇気』月曜社、二〇二〇年
・オトフリート・ヘッフェ『自由の哲学――カントの実践理性批判』品川哲彦他訳、法政大学出版局、二〇二〇年

カント倫理学は研究の蓄積が分厚く、同時にかなり一般に広まっているものの、一般向きの書物は意外と少ない。アリソンやヘッフェの翻訳は大部で手応えのあるものだが、カント自身の著作の翻訳

を手掛かりに少しずつ近づいてみると得るところがあるかもしれない。

ヘーゲルの翻訳

・『ヘーゲル全集4　精神の現象学　上巻』金子武蔵訳、岩波書店、一九七一年
・『ヘーゲル全集5　精神の現象学　下巻』金子武蔵訳、岩波書店、一九七九年
・G・W・F・ヘーゲル『精神現象学』上・下巻、樫山欽四郎訳、平凡社、一九九七年
・ゲオルク・フリードリヒ・ヴィルヘルム・ヘーゲル『精神現象学』上・下巻、熊野純彦訳、筑摩書房、二〇一八〜一九年
・ヘーゲル『法の哲学』Ⅰ・Ⅱ、藤野渉他訳、中央公論新社、二〇〇一年
・ゲオルク・フリードリヒ・ヴィルヘルム・ヘーゲル『法の哲学——自然法と国家学の要綱』上・下巻、上妻精他訳、岩波書店、二〇二一年
・ヘーゲル『精神哲学』上・下巻、船山信一訳、岩波書店、一九六五年
・ゲオルク・フリードリヒ・ヴィルヘルム・ヘーゲル『精神哲学——哲学の集大成・要綱　第三部』長谷川宏訳、作品社、二〇〇六年

ヘーゲルの邦訳もここ数年少しずつ充実してきている。熊野訳は日本語の文章だけでも内容が追えるように随所に工夫が凝らされている。なお現在、知泉書館から新しいヘーゲルの翻訳全集が刊行中である。『精神現象学』については山口誠一氏による第一分冊が二〇二一年に刊行された。

ヘーゲル『精神現象学』の入門書

・金子武蔵『ヘーゲルの精神現象学』筑摩書房、一九九六年
・加藤尚武編『ヘーゲル「精神現象学」入門』講談社、二〇一二年

『精神現象学』の解説についてはひとまずこの2冊を挙げておけば十分だろう。金子武蔵は岩波版の全集で『精神の現象学』を訳しており、その中の浩瀚な註解は研究者にとって宝の山ともいうべきものであろう。

ドイツ観念論の入門書・研究書

・門脇卓爾編『叢書　ドイツ観念論との対話4　知と行為』ミネルヴァ書房、一九九三年
・廣松渉他編『講座ドイツ観念論第3巻　自我概念の新展開』弘文堂、一九九〇年
・新田義弘他編『自己意識の現象学――生命と知をめぐって』世界思想社、二〇〇五年
・宇都宮芳明『人間の哲学の再生にむけて――相互主体性の哲学』世界思想社、二〇〇七年
・マルクス・ガブリエル『「私」は脳ではない――21世紀のための精神の哲学』姫田多佳子訳、講談社、二〇一九年

一九七〇年代以降、ドイツ観念論の知見を生かした自己意識や主体性思想の見直しはドイツにはじまり、アメリカでも盛んに研究されてきたが、残念ながら現在まで日本語で読めるものはほとんど存在しない。ガブリエルはそのような潮流にあって、最新の脳科学をはじめとする自然科学の知見も踏

まえつつ、ドイツ観念論のアクチュアリティを鮮やかに示しているといえよう。新田氏と宇都宮氏のものは現象学や実存思想から自己意識にアプローチしたものである。

第一部

第1章

フィヒテの翻訳

・『世界の名著43 フィヒテ／シェリング』岩崎武雄他訳、中央公論新社、一九七四年
（『知識学への第一序論』収録）
・『フィヒテ全集第四巻』、隈本忠敬他訳、哲書房、一九九七年
（『全知識学の基礎』収録）
・『フィヒテ全集第七巻』、藤澤健一郎他訳、哲書房、二〇〇四年
（『知識学の新たな叙述の試み』収録）

フィヒテは哲書房の全集が完結しているので、主要なものはどのテクストも日本語で読める。ここに挙げた以外の知識学のテクストにもぜひ取り組んでみてほしい。いずれも難解だが、自己意識について常に新たな理解を与えてくれるだろう。

フィヒテの入門書

・『フィヒテ――シェリング往復書簡』座小田豊他訳、ワルター・シュルツ解説、法政大学出版局、一九九〇年
・D・ヘンリッヒ『フィヒテの根源的洞察』座小田豊他訳、法政大学出版局、一九八六年
・大橋良介編『ドイツ観念論を学ぶ人のために』世界思想社、二〇〇五年
・加藤尚武編『哲学の歴史第七巻　理性の劇場　18―19世紀　カントとドイツ観念論』中央公論新社、二〇〇七年
・村岡晋一『ドイツ観念論――カント・フィヒテ・シェリング・ヘーゲル』講談社、二〇一二年
・長澤邦彦他編『フィヒテ知識学の全容』晃洋書房、二〇一四年
・ヴィルヘルム・G・ヤコブス『フィヒテ入門講義』鈴木崇夫他訳、筑摩書房、二〇二一年

シェリングとの往復書簡は、両者の間での自我理解の共通点と違いが浮き彫りになる貴重なドキュメント。ヘンリッヒはドイツ観念論研究の世界的第一人者。彼独自の自己意識論関係の本がまだ日本語で読めないのは大変残念である。『フィヒテ知識学の全容』は哲書房の全集の訳者も多数参加した豪華執筆陣によるもの。

『精神現象学』をさらに読み進めるための研究書

・イポリット『ヘーゲル精神現象学の生成と構造』上・下巻、市倉宏祐訳、岩波書店、一九七二、七

三年

戦後のフランス哲学の最前線を担った多くの哲学者たちがイポリットのこの講義を聴いている。フーコーもドゥルーズもデリダもいずれもそうである。そのことを別にしても、『精神現象学』全体を見通すのにきわめて重要な書物である。

第1章2

アリストテレス『形而上学』の翻訳

・アリストテレス『形而上学』上・下巻、出隆訳、岩波書店、一九五九〜六一年

本訳は訳註での丹念な解説の点でも出色。アリストテレスについては、岩波書店の新全集版の『形而上学』が一刻も早く刊行されることが待たれる。

フィヒテ『人間の使命』の翻訳

・『世界の名著43　フィヒテ／シェリング』、岩崎武雄他訳、中央公論新社、一九七四年

・J・G・フィヒテ、『フィヒテ全集第十一巻』、量義治他訳、晢書房、二〇一〇年

『人間の使命』については、フィヒテ哲学の入門書としてもすぐれているといえよう。彼の哲学的関心がどこにあるかがきわめて見通しやすい。

アリストテレスの入門書

・山口義久『アリストテレス入門』筑摩書房、二〇〇一年
・今道友信『アリストテレス』講談社、二〇〇四年
・ウェルナー・マルクス『アリストテレス「存在論」への導き』木下喬訳、東北大学出版会、二〇二〇年

アリストテレスの『形而上学』は哲学史上、決定的に重要な意義をもつものだが、意外なことに国内では一般向けに書かれた入門書が未だに少ない。分析哲学の側からの接近という最近の傾向をみるにつけても、こうした事態は大きな損失であると考える。岩波書店の新全集が揃いつつあるので、状況が改善されることを願う。

知覚について論じた古典的テクストの翻訳

・プラトン『テアイテトス』田中美知太郎訳、岩波書店、二〇一四年
・プラトン『テアイテトス』渡辺邦夫訳、光文社、二〇一九年
・アリストテレス『心とは何か』桑子敏雄訳、講談社、一九九九年
・アリストテレス『魂について』中畑正志訳、京都大学学術出版会、二〇〇一年
・『アリストテレス全集7　魂について／自然学小論集』中畑正志他訳、岩波書店、二〇一四年
・『ハイデッガー選集27　物への問い――カントの先験的原則論のために』近藤功他訳、理想社、一

九七九年
・『ハイデッガー全集第41巻　物への問い――カントの超越論的原則論に向けて』高山守他訳、創文社、一九八九年
・『ハイデッガー全集第34巻　真理の本質について――プラトンの洞窟の比喩と『テアイテトス』』細川亮一他訳、創文社、一九九五年
・モーリス・メルロ＝ポンティ『知覚の哲学――ラジオ講演一九四八年』菅野盾樹訳、筑摩書房、二〇一一年

ここに挙げたのは、知覚について論じた哲学の古典的なテクストばかりである。ヘーゲルの知覚理論を理解するためには、『テアイテトス』を参照することがどうしても必要である。ハイデッガーはプラトンの真理論の講演の方が有名だが、講義での『テアイテトス』解釈もかなり学ぶところが多い。知覚についての哲学的アプローチは脳科学や神経科学との接近で近年目覚ましいものがあるが、これについて触れることは本書の範囲を大きく超えることになろう。

第**2**章**1**
プラトン『国家』と『法律』の翻訳
・プラトン『国家』上・下巻、藤沢令夫訳、岩波書店、一九七九年
・プラトン『法律』上・下巻、森進一他訳、岩波書店、一九九三年

いずれも古典中の古典である。とりわけ『国家』は国家論としてのみならず、芸術論、イデア論、認識論、教育論などきわめて多様な角度からも最重要文献の一つだといえる。

プラトン『国家』の参考書

・内山勝利、『プラトン『国家』——逆説のユートピア』、岩波書店、二〇一三年
『国家』を哲学書として読み解くだけでなく、テキストとしてどのように成立したのかという文献学的問題にも理解を与えてくれる、包括的な視座のもとに書かれた書物。

プロティノスの翻訳

・『プロティノス全集』全四巻、水地宗明他訳、中央公論社、一九八六〜八八年
・プロティノス『エネアデス〈抄〉』全二巻、田中美知太郎他訳、中央公論新社、二〇〇七年
全集が現在入手しづらいことが惜しまれる。最近英訳でも新たな全訳が刊行されており、プロティノスや新プラトン主義に興味のある方は是非そちらにもチャレンジしてほしい。

新プラトン主義哲学の入門書

・山口誠一他『ヘーゲル「新プラトン主義哲学」註解　新版『哲学史講義』より』知泉書館、二〇〇五年

・内山勝利編『哲学の歴史第2巻　帝国と賢者　古代2』二〇〇七年、中央公論新社
・水地宗明他編『新プラトン主義を学ぶ人のために』世界思想社、二〇一四年
ヘーゲルは比較的晩年になってからプロティノスやプロクロスの原典に直接触れるようになった。『哲学史講義』はその貴重なドキュメントである。

アウグスティヌスの翻訳

・アウグスティヌス『告白』上・下巻、服部英次郎訳、岩波書店、一九七六年
・アウグスティヌス『告白』全三巻、山田昌訳、中央公論新社、二〇一四年
・アウグスティヌス『三位一体論』中澤宣夫訳、東京大学出版会、一九七五年
・『アウグスティヌス著作集28　三位一体』泉治典訳、教文館、二〇〇四年
アウグスティヌスは教文館の著作集の刊行がかなり進んでいることに加え、すぐれた邦訳に恵まれているといえる。キリスト教に根差したヨーロッパ文化を理解する上で、アウグスティヌスは必読といえる。

アウグスティヌスの入門書

・山田昌『アウグスティヌス講話』講談社、一九九五年
・P・ブラウン『アウグスティヌス伝』上・下巻、出村和彦訳、教文館、二〇〇四年

・松崎一平『『告白』――〈わたし〉を語ること』岩波書店、二〇〇九年
・宮谷宣史『人と思想39　アウグスティヌス』新装版、清水書院、二〇一六年
・出村和彦『アウグスティヌス――「心」の哲学者』岩波書店、二〇一七年
・エティエンヌ・ジルソン、フロテウス・ベーナー『アウグスティヌスとトマス・アクィナス』新装版、服部英次郎他訳、みすず書房、二〇一七年

ブラウンの伝記は伝記書の模範とも評価されるものである。ジルソンとベーナーのものは各トピックに関連する原典の引用からなる資料集ともいうべきもの。

エックハルトの翻訳

・『キリスト教神秘主義著作集6　エックハルト1』植田兼義訳、教文館、一九八九年
・マイスター・エックハルト『ドイツ神秘主義叢書3　エックハルト論述集』川崎幸夫訳、創文社、一九九一年
・『エックハルト説教集』田島照久編訳、岩波書店、一九九〇年
・『エックハルト　ラテン語著作集4　全56編のラテン語説教集』中山善樹訳、知泉書館、二〇一一年

エックハルトにはラテン語とドイツ語それぞれの著作がある。従来、主としてドイツ語著作の方が有名であったが、ラテン語著作も重要度では劣らない。幸い、ラテン語著作は知泉書館から全訳が刊

行されている。

エックハルトの入門書

・上田閑照『エックハルト——異端と正統の間で』講談社、一九九八年

・中川純男編『哲学の歴史第3巻　神との対話——中世　信仰と知の調和』中央公論新社、二〇〇八年

・中山善樹『エックハルトとその時代』知泉書館、二〇二二年

神秘主義の側面からアプローチする上田とスコラ哲学とプラトニズムの系譜からアプローチする中山のそれぞれを参照することで、エックハルトの思索の汲めども尽きぬ豊かさを感じ取ることが出来るだろう。

ヘーゲル『哲学史講義』の翻訳

・G・W・F・ヘーゲル『哲学史講義』全四巻、長谷川宏訳、河出書房新社、二〇一六年

『哲学史講義』は近年文庫化されたので入手しやすい。これから哲学を学ぼうとする人にとっても格好の書物といえる。

『精神現象学』における自己意識や承認の問題を考えるための参考書

・W・マルクス『ヘーゲルの精神現象学』上妻精訳、理想社、一九八一年

・ミヒャエル・クヴァンテ『精神の現実性――ヘーゲル研究』後藤弘志他訳、リベルタス出版、二〇一八年

・ルートヴィヒ・ジープ『ジープの承認論』山内廣隆訳、こぶし書房、二〇一九年

上記のいずれも専門性の強い研究書であるが、第二次世界大戦後のドイツでのヘーゲル哲学研究の隆盛を目の当たりにすることができる。

ベートーヴェンの参考書

・ベートーヴェン『音楽ノート』小松雄一郎訳、岩波書店、一九五七年

・『新編 ベートーヴェンの手紙』上・下巻、小松雄一郎編訳、岩波書店、一九八二年

・ロマン・ロラン『ベートーヴェンの生涯』片山敏彦訳、岩波書店、一九六五年

・ロマン・ロラン『ベートーヴェン第九交響曲』蛯原徳夫他訳、みすず書房、一九六七年

・バリー・クーパー『ベートーヴェン大辞典』平野昭他訳、平凡社、一九九七年

・平野昭他『ベートーヴェン辞典』東京書籍、一九九九年

・門間直美『ベートーヴェン――巨匠への道』講談社、二〇二〇年

ベートーヴェンについては本書の性質上、資料性の強い古典的なものを一通り挙げるだけに留めておこう。

第2章

カント『純粋理性批判』の翻訳

・カント『純粋理性批判』上・下巻、宇都宮芳明他訳・注解、以文社、二〇〇四年
・カント『純粋理性批判』上・中・下巻、原祐訳、平凡社、二〇〇五年
・カント『純粋理性批判』熊野純彦訳、作品社、二〇一二年
・カント『純粋理性批判』上・下巻、石川文康訳、筑摩書房、二〇一四年

『純粋理性批判』も翻訳に恵まれているものの一つである。いずれも訳文に特徴があり、いくつかを比較しながら読み進めると発見が多い。宇都宮訳は複数の訳者の手になる解説が付いているので大いに参考になる。

『純粋理性批判』の入門書・研究書

・『岩崎武雄著作集第7巻　カント『純粋理性批判』の研究』、新地書房、一九八二年
・岩崎武雄『カント』新装版、勁草書房、一九九六年
・黒崎政男『カント『純粋理性批判』入門』講談社、二〇〇〇年
・城戸淳『理性の深淵――カント超越論的弁証論の研究』知泉書館、二〇一四年
・御子柴義之『カント哲学の核心――『プロレゴーメナ』から読み解く』NHK出版、二〇一八年
・御子柴義之『カント　純粋理性批判』KADOKAWA、二〇二〇年

・オノラ・オニール『理性の構成――カント実践哲学の探究』加藤泰史訳、法政大学出版局、二〇二〇年
・高峰一愚『カント講義』新装版、論創社、二〇二二年
ここに挙げたのは国内の分厚いカント研究の成果のほんの一部である。御子柴氏（KADOKAWA）は原著と同様大部であるが、非常に丁寧に嚙み砕かれており、無理なく読み進めることができる。高峰氏のものは名解説と名高いものだが、幸いなことに最近新装版が出された。

ヘーゲル実践哲学の研究書

・ロバート・B・ピピン『ヘーゲルの実践哲学――人倫としての理性的行為者性』星野勉監訳、法政大学出版局、二〇一三年
アメリカでのヘーゲル研究者の第一人者の手になるもの。ドイツの研究者とは異なる視点やアプローチから書かれており、ヘーゲル哲学を新たな角度から理解することが可能となる。

古代ギリシアにおけるロゴスについて論じた参考書

・田中美知太郎『ロゴスとイデア』文藝春秋、二〇一四年
・納富信留『ギリシア哲学史』筑摩書房、二〇二一年
古代ギリシアにおけるロゴス概念を正面から扱ったものは意外と少ない。田中氏のものはその古典

ともいうべきものである。納富氏の哲学史は待望の書物で今後必読の書。

第**3**章**1**

ヘーゲル法哲学の翻訳

・ディーター・ヘンリッヒ編『ヘーゲル法哲学講義録1819／20』中村浩爾他訳、法律文化社、二〇〇二年

・G・W・F・ヘーゲル『自然法と国家学講義――ハイデルベルク大学1817・18年』高柳良治他訳、法政大学出版局、二〇〇七年

・ヘーゲル『法哲学講義』新装版、長谷川宏訳、作品社、二〇二二年

ヘーゲル自身が刊行したのは『法哲学要綱』だが、それを基にした講義の筆記録が複数年度にわたって残されている。ここに挙げたのはその一部である。

ヘーゲルにおける欲望や労働の問題を考えるための参考書

・権座武志『ヘーゲルとその時代』岩波書店、二〇一三年

・レーヴィット『ヘーゲルからニーチェへ　十九世紀思想における革命的断絶』上・下巻、三島憲一訳、岩波書店、二〇一五～一六年

・ジュディス・バトラー『欲望の主体――ヘーゲルと二〇世紀フランスにおけるポスト・ヘーゲル主

義』大河内泰樹他訳、堀之内出版、二〇一九年
レーヴィットのものはヘーゲルからマルクスとニーチェという両極へと至る十九世紀のドイツ哲学の歴史を鮮やかに描き出すもの。バトラーの研究は今後広く読まれるべきもの。

黒澤明とヒッチコックの参考書

・黒澤明他『何が映画か──「七人の侍」と「まあだだよ」をめぐって』スタジオジブリ、一九九三年
・野上照代他『黒澤明「七人の侍」創作ノート』文藝春秋、二〇一〇年
・橋本忍『複眼の映像──私と黒澤明』文藝春秋、二〇一〇年
・トリュフォー『定本　映画術──ヒッチコック・トリュフォー』改訂版、山田宏一他訳、晶文社、一九九〇年
・山田宏一『ヒッチコック映画読本』平凡社、二〇一六年
・ピアース・ビゾニー『未来映画術「2001年宇宙の旅」』浜野保樹他訳、晶文社、一九九七年
・マイケル・ベンソン『2001──キューブリック、クラーク』中村融他訳、早川書房、二〇一八年

映画については監督自身や関係者の手になるものを主に挙げておく。いずれもそれぞれの作品を理解するうえできわめて重要なものばかりである。

第3章2

古代ギリシアにおける自然（ピュシス）に関するテクストの翻訳

・内山勝利編『ソクラテス以前哲学者断片集　第I分冊』岩波書店、二〇〇八年
・廣川洋一『ソクラテス以前の哲学者』講談社、一九九七年
・『アリストテレス全集4　自然学』内山勝利訳、岩波書店、二〇一七年
・ピンダロス、『祝勝歌集　断片選』内田次信訳、京都大学学術出版会、二〇〇一年

いわゆるソクラテス以前の哲学者が書いたものは断片しか残されていないが、岩波書店からはディールス＝クランツ版のテクストが五分冊で翻訳されており、日本語で読めるようになっている。アリストテレスの『自然学』は西洋哲学の基本概念を理解するうえで必読の書。

古代ギリシアにおける自然（ピュシス）に関する参考書

・B・スネル『精神の発見——ギリシア人におけるヨーロッパ的思考の発生に関する研究』、新井靖一訳、創文社、一九七四年
・マルティン・ハイデッガー『形而上学入門』川原栄峰訳、平凡社、一九九四年
・小池登『ピンダロス祝勝歌研究』知泉書館、二〇一〇年
・田中美知太郎『古代哲学史』講談社、二〇二〇年

ハイデッガーによるピュシス概念の解釈はつとに有名なもの。スネルの古典的な研究は専門的では

あるが、やはり得るところが大きい。文庫版での再刊もしくは新訳が望まれる。

ヘーゲルにおける法や行為に関する参考書

・加藤尚武『ヘーゲルの「法」哲学』増補新版、青土社、一九九九年
・ミヒャエル・クヴァンテ『ヘーゲルの行為概念――現代行為論との対話』高田純他訳、リベルタス出版、二〇一一年

ヘーゲルの行為論を扱った書物は国家論や人倫論に比して意外と少ない。最近すぐれた研究が出つつあるので、いずれは一般向けのものも出てくるだろう。ここに挙げたのはいずれも最重要文献というべきもの。

モーツァルトの参考書

・アルフレート・アインシュタイン『モーツァルト――その人間と作品』浅井真男、白水社、一九六一年
・H・C・ロビンズ・ランドン『モーツァルト――音楽における天才の役割』石井宏訳、中央公論新社、一九九二年
・磯山雅『モーツァルト』筑摩書房、二〇一四年

モーツァルトについても最低限の基本文献を挙げるにとどめておく。モーツァルトで重要なのは、

何よりもまず直接作品に触れることである。このことはバッハやベートーヴェン以上にそうだといえるかもしれない。

第二部

第4章1

アリストテレス『政治学』の翻訳

・アリストテレス『政治学』牛田徳子訳、京都大学学術出版会、二〇〇一年

・『アリストテレス全集17　政治学　家政論』中畑正志他訳、岩波書店、二〇一八年

アリストテレスの『政治学』は国家制度や社会構造を理解するうえで必読の古典文献の一つである。いずれも大変すぐれた訳である。

アリストテレス『政治学』の研究書

・岩田靖夫『アリストテレスの政治思想』岩波書店、二〇一〇年

アリストテレスの『政治学』は他の分野に比べて文献が少ない方である。岩田氏のものは積年の研究の成果を基にした洞察の宝庫である。

ヘーゲルのフランクフルト期・イエーナ期のテクストの翻訳

・G・W・F・ヘーゲル『イエーナ体系構想　精神哲学草稿Ⅰ・Ⅱ』加藤尚武監訳、法政大学出版局、一九九九年

・村岡晋一他訳『ヘーゲル初期論文集成』作品社、二〇一七年

・『ヘーゲル全集第3巻　イエーナ期批判論考』田端信廣監訳、知泉書館、二〇二〇年

『精神哲学草稿』は翻訳の見本ともいうべきもの。他の二冊も平易な日本語で訳されており、専門家でなくともかなり近付きやすい。

ヘーゲル哲学における個人と共同体の問題を理解するための参考書

・レーヴィット『ヘーゲルからハイデガーへ――現象学的存在論』村岡晋一他訳、作品社、二〇〇一年

・座小田豊他編『知の教科書　ヘーゲル』講談社、二〇〇四年

・佐藤康邦『教養のヘーゲル『法の哲学』――国家を哲学するとは何か』三元社、二〇一六年

〈人倫〉から精神を理解するということは、簡単なようでいながら実際にはかなり困難である。上記の三冊はいずれも、そうした困難を軽減するのに役立つだろう。

第4章2

プラトン『パイドロス』および『パイドン』の翻訳

・プラトン『パイドロス』藤沢令夫訳、岩波書店、一九六七年
・プラトン『パイドロス』脇條靖弘訳、京都大学学術出版会、二〇一八年
・プラトーン『饗宴』改版、森進一訳、新潮社、一九六八年
・プラトン『饗宴／パイドン』朴一功訳、京都大学学術出版会、二〇〇七年
・プラトン『饗宴』改版、久保勉訳、岩波書店、二〇〇八年
・プラトン『饗宴』中澤務訳、光文社、二〇一三年

『パイドロス』は藤沢訳が、『饗宴』は久保訳と森訳が長らく定訳であったが、ここ最近新訳が相次いで刊行された。

プラトン哲学の入門書

・藤沢令夫『プラトンの哲学』岩波書店、一九九八年
・納富信留『プラトン『饗宴』』NHK出版、二〇一三年
・納富信留『プラトン哲学への旅——エロースとは何者か』NHK出版、二〇一九年
・中畑正志『はじめてのプラトン——批判と変革の哲学』講談社、二〇二一年

いずれも古代ギリシア哲学研究の第一人者の手になるもの。それぞれの異なる問題関心から書かれ

ており、プラトン哲学の多様な層を見通すには格好の案内。

フィヒテの一般向け講演の翻訳

・フィヒテ『ドイツ国民に告ぐ』石原達二訳、玉川大学出版部、一九九九年
・『フィヒテ全集第15巻　現代の根本特徴／幸いなる生への導き』柴田隆行他訳、哲書房、二〇〇五年
・『フィヒテ全集第17巻　ドイツ国民に告ぐ・政治論集』早瀬明他訳、哲書房、二〇一四年
『現代の根本特徴』と『ドイツ国民に告ぐ』は一般向けの公開講演として書かれた。いずれも演説家としてのフィヒテの生来の天分が遺憾なく発揮されたもの。

シラーの哲学・美学関連テクスト・書簡の翻訳

・シラー『芸術美学論集』石原達二訳、冨山房、一九七七年
・シラー『人間の美的教育について』改装版、小栗孝則訳、法政大学出版局、二〇一七年
・『ゲーテ＝シラー往復書簡』森淑仁他訳、潮出版社、二〇一六年
シラーの美学論は芸術や哲学の分野においてだけでなく、文化批判の上でもきわめて重要なものの一つ。その鋭い洞察に読者は驚くことだろう。

シラーの哲学・美学に関する研究書

・長倉誠一『人間の美的関心考――シラーによるカント批判の帰趨』未知谷、二〇〇三年
国内でのシラーの研究は驚くほど少ないが、上記の本はその不足を補うのに十分なもの。シラーはカント哲学を研究することで大きな進歩を遂げたとされるが、その経緯や内実についてたしかな見通しが得られる。

シェリング『学問論』の翻訳

・シェリング『学問論』西川富雄他訳、岩波書店、二〇二二年
大学でのアカデミックな研究の何たるかについて、さまざまな学問分野にまたがって述べた大学論の先駆けというべきもの。随所にシェリングの哲学観が反映しており、シェリング哲学の理解のためにも重要である。

シェリング自然哲学の参考書

・廣末渉他編『講座ドイツ観念論第四巻　自然と自由の深遠』弘文堂、一九九〇年
・西川富雄編『叢書ドイツ観念論との対話2　自然とその根源力』ミネルヴァ書房、一九九三年
・松山壽一『人間と自然――シェリング自然哲学を理解するために』萌書房、二〇〇四年
いずれも専門性の強い書物であるが、シェリングの自然理解について見通しを与えてくれる重要な

ものばかりである。

ヘーゲル自然哲学および教育論の翻訳

・G・W・F・ヘーゲル『ヘーゲル教育論集』上妻精編訳、国文社、一九九三年
・『ヘーゲル全集2a　自然哲学』加藤尚武訳、岩波書店、一九九八年
・『ヘーゲル全集2b　自然哲学』加藤尚武訳、岩波書店、一九九九年

ヘーゲルは数年間、ニュルンベルクのギムナジウムで校長を務めていた時期があった。その時期の講話やドキュメントが残されており、ヘーゲルの「教養形成」理解を実地に確かめることができる。

ヘルダーリンの翻訳

・『ヘルダーリン詩集』川村二郎訳、岩波書店、二〇〇二年
・『ヘルダーリン全集1　詩1（1784〜1800）』新装版、手塚富雄他訳、河出書房新社、二〇〇七年
・『ヘルダーリン全集2　詩2（1800〜1843）』新装版、手塚富雄他訳、河出書房新社、二〇〇七年
・『ヘルダーリン全集3　ヒュペーリオン・エムペドクレス』新装版、手塚富雄他訳、河出書房新社、二〇〇七年

ヘルダーリンは全集が新装版で出ているので比較的手に入りやすい。

20世紀ドイツ哲学における自然理解の基本テクスト

・E・フッサール『ヨーロッパ諸学の危機と超越論的現象学』細谷恒夫他訳、中央公論新社、一九九五年

・マルティン・ハイデッガー『ニーチェ』Ⅰ・Ⅱ、細谷貞雄監訳、平凡社、一九九七年

・マルティン・ハイデッガー『技術への問い』関口浩訳、平凡社、二〇一三年

・マルティン・ハイデガー『技術とは何だろうか――三つの講演』森一郎訳、講談社、二〇一九年

上に挙げたいずれの書物も、ドイツ観念論以降の時代において「自然」概念がどのような変容を遂げたのかを示してくれる。特にハイデッガーの『ニーチェ』は、古代ギリシアにまで遡って論じた包括的な視座のもの。

ハイデガー技術論の入門書

・加藤尚武編『ハイデガーの技術論』理想社、二〇〇三年

・森一郎『核時代のテクノロジー論――ハイデガー『技術とは何だろうか』を読み直す』現代書館、二〇二〇年

ハイデガー研究の第一人者である森氏は創文社版の全集でも技術論のもとになる講演の翻訳を担当

していたが、二〇一一年の大震災を経て現代に改めてその意義を問う重要な提起を含むものといえる。

第**5**章**1**

デカルトの翻訳

・デカルト『精神指導の規則』野田又夫訳、岩波書店、一九七四年

・デカルト『哲学原理』山田弘明他訳、筑摩書房、二〇〇九年

いずれも名訳というべきもの。山田訳は他のものも含めて、訳註がきわめて充実しており、大変参考になる。

スピノザの翻訳

・スピノザ『エチカ』工藤喜作他訳、中央公論新社、二〇〇七年

・スピノザ『エチカ』上・下巻、畠中尚志訳、岩波書店、二〇一一年

・スピノザ『知性改造論』畠中尚志訳、岩波書店、一九六八年

・スピノザ『デカルトの哲学原理』畠中尚志訳、岩波書店、一九五九年

畠中訳は長らく定番となってきたもの。現在、岩波書店から全集が刊行中であり、そちらも大変すぐれている。

スピノザの入門書

・ジル・ドゥルーズ『スピノザ』鈴木雅大訳、平凡社、二〇〇二年
・上野修『スピノザの世界――神あるいは自然』講談社、二〇〇五年
・上野修『デカルト、ホッブズ、スピノザ　哲学する十七世紀』講談社、二〇一一年
・國分功一郎『はじめてのスピノザ――自由へのエチカ』講談社、二〇二〇年
・ピエール＝フランソワ・モロー『スピノザ入門』改訂新版、松田克進他訳、白水社、二〇二一年
・吉田量彦『スピノザ――人間の自由の哲学』講談社、二〇二二年

スピノザ研究はここ数十年で急速に進んできた。注意すべきことに、そこで示されるスピノザ像はフィヒテやヘーゲルが理解したものとは大きく異なる。それはなぜかといえば、ドイツ観念論の哲学者のスピノザ理解の源泉は、以下に挙げる書物にあるからである。

ヤコービの翻訳

・F・H・ヤコービ『スピノザの学説に関する書簡』田中光訳、知泉書館、二〇一八年

ヤコービのいわゆる『スピノザ書簡』は、ドイツ観念論の成立を理解する上で最重要文献の一つである。そればかりでなく、ヘーゲルが新プラトン主義に関心を抱くようになったきっかけの一つもこの書物である。いずれにせよ、この本が広く読まれることが望まれる。

カント『人倫の形而上学の基礎付け』の翻訳

・『カント全集7　人倫の形而上学の基礎づけ、実践理性批判』深作守文訳、理想社、一九六五年

理想社版旧全集については先に挙げなかったのでここで挙げておく。

カント倫理学の入門書

・有福孝岳・牧野英二編『カントを学ぶ人のために』世界思想社、二〇一二年
・石川文康『カント入門』筑摩書房、一九九五年
・石川文康『カントはこう考えた——人はなぜ「なぜ」と問うのか』筑摩書房、二〇〇九年
・熊野純彦『カント——世界の限界を経験することは可能か』NHK出版、二〇〇二年
・坂部恵『カント』講談社、二〇〇一年
・中島義道『カントの人間論』講談社、一九九八年
・中島義道『カントの自我論』日本評論社、二〇〇四年
・中島義道『カントの読み方』筑摩書房、二〇〇八年
・中島義道『悪への自由——カント倫理学の深層文法』勁草書房、二〇一一年

先に挙げることの出来なかったカント関連の文献をここで挙げておこう。いずれも平易に書かれたものばかりで、峻厳で緊密な文体で書かれたカント哲学へと入りこむための すぐれた手引となるものばかりである。

第5章2

ヘーゲル良心論の参考書

・栗原隆編『世界の感覚と生の気分』ナカニシヤ出版、二〇一二年

・座小田豊他編『生の倫理と世界の論理』東北大学出版会、二〇一五年

意外なことに、『精神現象学』の中で「良心」が占める重要な役割は広く共通理解となっているにもかかわらず、良心についてまとまった論考はヘーゲルについても、またドイツ観念論全般についても国内ではほとんど刊行されていない。上記二冊の論集には、筆者の師の手になるヘーゲルの良心論の核心を突く平易な論考が収録されている。またここ数年間、気鋭の若手研究者による良心を主題とした学術論文が次々と刊行されている。いずれ事態は大きく改善されるだろう。

ゲーテの『ヴィルヘルム・マイスターの修業時代』の翻訳

・ゲーテ『ヴィルヘルム・マイスターの修業時代』上・中・下巻、山崎章甫訳、岩波書店、二〇〇〇年

・『ゲーテ全集7　ヴィルヘルム・マイスターの修業時代』新装版、前田敬作他訳、潮出版社、二〇〇三年

「美しき魂」は『精神現象学』が書かれた十八世紀末〜十九世紀初頭のドイツに特徴的なものだが、ゲーテの小説の登場人物であるマカーリエはその典型例を示してくれる。

第6章1

ギリシア神話の入門書

・呉茂一『ギリシア神話』新装版、新潮社、一九九四年
・呉茂一『世界の神話入門』講談社、二〇二一年

呉氏は西洋古典学研究の第一人者である。それと同時に、氏はすぐれた文の人でもある。その語り口が遺憾なく発揮されたのが上記の二冊といえよう。

ホメロス叙事詩の翻訳

・ホメーロス『オデュッセイアー』上・下巻、呉茂一訳、岩波書店、一九七一～七二年
・ホメロス『イリアス』上・下巻、松平千秋訳、岩波書店、一九九二年
・ホメロス『オデュッセイア』上・下巻、松平千秋訳、岩波書店、一九九四年
・ホメーロス『イーリアス』上・下巻、呉茂一訳、平凡社、二〇〇三年

呉訳が原文通り行を分けて訳しているのに対し、松平訳は散文的に行を分けずに訳している点に特徴がある。いずれも名訳というべきもので、好みに応じてどちらかを選ぶとよい。

ホメロス叙事詩の入門書

・M・I・フィンリー『オデュッセウスの世界』下田立行訳、岩波書店、一九九四年

・西村賀子『ホメロス『オデュッセイア』――〈戦争〉を後にした英雄の歌』岩波書店、二〇一二年
・川島重成『『イーリアス』ギリシア英雄叙事詩の世界』岩波書店、二〇一四年
・川島重成編『ホメロス『イリアス』への招待』ピナケス出版、二〇一九年
フィンリーのものは考古学や経済学などの成果も踏まえたもので、ホメロスが歌う世界を生き生きと描き出してくれる。

ヘシオドス叙事詩の翻訳

・ヘシオドス『神統記』廣川洋一訳、岩波書店、一九八四年
・ヘーシオドス『仕事と日』松平千秋訳、岩波書店、一九八六年
・『ヘシオドス全作品』中務哲郎訳、京都大学学術出版会、二〇一三年
ヘシオドスも最近になって複数の翻訳が読めるようになったことは大いに喜ばしいことである。古代ギリシアの人生観を知る上で最重要のテクスト。

ヘシオドス叙事詩の入門書

・久保正彰『ギリシア思想の素地――ヘシオドスと叙事詩』岩波書店、一九七三年
ヘシオドスの研究で一般向きの数少ないもの。古代日本との比較考察も興味深い。

ギリシア悲劇の翻訳

・『ギリシア悲劇I　アイスキュロス』高津春繁他訳、筑摩書房、一九八五年
・アイスキュロス『アガメムノーン』久保正彰訳、岩波書店、一九九八年
・ソポクレス『オイディプス王』藤沢令夫訳、岩波書店、一九六七年
・ソポクレス『アンティゴネー』中務哲郎訳、岩波書店、二〇一四年
・ソポクレス『コロヌスのオイディプス』高津春繁訳、岩波書店、一九七三年
ギリシア悲劇はいずれも複数の翻訳が出ており、好みに応じて訳を選ぶとよい。

プラトン『プロタゴラス』の翻訳

・プラトン『プロタゴラス――ソフィストたち』藤沢令夫訳、岩波書店、一九八八年
・プラトン『プロタゴラス――あるソフィストとの対話』中澤務訳、光文社、二〇一〇年
プラトンのプロタゴラス理解を知るためには、『プロタゴラス』に加えて、先に挙げた『テアイテトス』もきわめて重要である。

古代ギリシアのソフィストに関する入門書

・田中美知太郎『ソフィスト』講談社、一九七六年
・ジルベール・ロメイエ＝テルベ『ソフィスト列伝』白水社、二〇〇三年

・廣川洋一『イソクラテスの修辞学校』講談社、二〇〇五年
・納富信留『ソフィストとは誰か？』筑摩書房、二〇一五年
哲学者に比してソフィストに対しては不当に低い評価がなされることが多いが、上記の書物はいずれも、古代世界においてソフィストが果たした重要な役割を理解させてくれる。

ディオゲネス・ラエルティオスの翻訳

・ディオゲネス・ラエルティオス『ギリシア哲学者列伝』上・中・下巻、加来彰俊訳、岩波書店、一九八四〜九四年
古代ギリシアの哲学者の生涯を知る上での基本文献。随所にちりばめられたエピソードは読み物としても面白い。

ブルクハルト『ギリシア文化史』の翻訳

・J・ブルクハルト『ギリシア文化史』全八巻、新井靖一訳、筑摩書房、一九九八〜九九年
稀代の文化史家がテクスト読解を通じて古代ギリシアの世界に肉薄したすぐれたドキュメントというべきものである。その洞察の鋭さは現代になっても色褪せない。

ヘーゲルのベルリン期講義録の翻訳

・ヘーゲル『美学講義』上・中・下巻、長谷川宏訳、作品社、一九九五～九六年
・G・W・F・ヘーゲル『美学講義』寄川条路他訳、法政大学出版局、二〇一七年
・ヘーゲル『歴史哲学講義』上・下巻、長谷川宏訳、岩波書店、一九九四年
・G・W・F・ヘーゲル『世界史の哲学講義』上・下巻、伊坂青司訳、講談社、二〇一八年

現在、ドイツではヘーゲルの講義録が全集の枠内で刊行中である。将来的には、日本でもそのテクストを基にした翻訳が刊行されることだろう。美学も歴史哲学も、いずれもヘーゲル哲学への入門としても最適である。

初期ヘーゲルおよびヘーゲルの講義録に関する入門書

・久保陽一『ドイツ観念論とは何か――カント、フィヒテ、ヘルダーリンを中心として』筑摩書房、二〇一二年
・寄川条路『初期ヘーゲル哲学の軌跡――断片・講義・書評』ナカニシヤ出版、二〇〇六年
・寄川条路『ヘーゲル哲学入門』ナカニシヤ出版、二〇〇九年
・寄川条路『体系への道――初期ヘーゲル研究』新版、創土社、二〇一〇年
・寄川条路編『ヘーゲル講義録入門』法制大学出版局、二〇一六年

両氏ともに初期ヘーゲル研究の第一人者。その積年の成果が一般向きの書物として遺憾なく発揮さ

れている。

第6章2

フィヒテ宗教論の翻訳

・J・G・フィヒテ『浄福なる生への導き』高橋亘訳、平凡社、二〇〇〇年

フィヒテの宗教論は、人間的生へのすぐれた洞察として最高峰のものとも言われることがある。また彼の知識学の理解のためにも重要である。

フィヒテ宗教論の参考書

・大峰顯『永遠なるもの——歴史と自然の根底』法蔵館、二〇〇三年

フィヒテ研究の第一人者の手になるもの。仏教の立場からも語られており、ドイツ観念論の思索と東洋の対話としての側面も兼ね備えている。

シェリング自由論の翻訳

・シェリング『人間的自由の本質』西谷啓治訳、岩波書店、一九七五年

・『シェリング著作集4a　自由の哲学』新装版、藤田正勝編、文屋秋栄、二〇一八年

シェリングの自由論は『精神現象学』とともに、ハイデガーによって哲学の最重要文献の一つとして

位置付けられたものの一つである。

シェリング自由論の入門書

・平尾昌宏『叢書シェリング入門5　哲学するための哲学入門――シェリング「自由論」を読む』萌書房、二〇一〇年

数少ないシェリング哲学の入門書の一つ。

ヘーゲルの神学論・宗教哲学の翻訳

・G・W・F・ヘーゲル『キリスト教の精神とその運命』伴博訳、平凡社、一九九七年

・ヘーゲル『宗教哲学講義』山崎純訳、創文社、二〇〇一年

それぞれヘーゲルの初期と晩年の思索を示すものとして重要。ヘーゲルの哲学的思索がつねに宗教的関心に裏打ちされたものであったことを示す重要なドキュメントでもある。

ヘーゲル宗教哲学の参考書

・大峰顕編『叢書ドイツ観念論との対話5　神と無』ミネルヴァ書房、一九九四年

・岩波哲男『ヘーゲル宗教哲学入門』理想社、二〇一四年

ヘーゲルの宗教哲学に関する文献は驚くほど少ない。そのことは国内に限らず、ドイツ本国でも同

様である。上記二冊は、その不足を補うに十分なもの。

クザーヌスの翻訳

・『キリスト教神秘主義著作集10　クザーヌス』坂本堯他訳、教文館、二〇〇〇年
・クザーヌス『神を観ることについて　他二篇』八巻和彦訳、岩波書店、二〇〇一年
・ニコラウス・クザーヌス『学識ある無知について』山田桂三訳、平凡社、二〇一二年

ヘーゲルはクザーヌスを知らなかった。クザーヌスが改めて注目されるようになったのは十九世紀後半になってからである。だが無限をめぐる理解など多くの共通点が見出されるに至って、ドイツ観念論研究の側からもますますクザーヌスに対する関心が高まっている。

クザーヌスの参考書

・クルト・フラッシュ『クザーヌスとその時代』矢内義顕訳、知泉書館、二〇一四年
・八巻和彦『クザーヌス　生きている中世――開かれた世界と閉じた世界』ぷねうま舎、二〇一七年
・八巻和彦『クザーヌスの思索のプリズム――中世末期の現実を超克する試み』知泉書館、二〇一九年

クザーヌスについての一般向けの書物はまだほとんど出ていない。いずれも第一人者によって書かれたもので、クザーヌスの多彩な側面を知ることができる。

アウグスティヌスとエックハルトの翻訳

・『アウグスティヌス著作集16　創世記逐語註解1』片柳栄一訳、教文館、一九九四年
・『アウグスティヌス著作集17　創世記逐語註解2』片柳栄一訳、教文館、一九九九年
・『アウグスティヌス著作集23　ヨハネによる福音書講解説教1』泉治典他訳、教文館、一九九三年
・『アウグスティヌス著作集24　ヨハネによる福音書講解説教2』金子晴勇他訳、教文館、一九九三年
・『アウグスティヌス著作集25　ヨハネによる福音書講解説教3』茂泉昭男他訳、教文館、一九九三年
・『エックハルト　ラテン語著作集Ⅰ　創世記註解／創世記比喩解』中山善樹訳、知泉書館、二〇〇五年
・『エックハルト　ラテン語著作集Ⅲ　ヨハネ福音書註解』中山善樹訳、知泉書館、二〇〇八年

アウグスティヌスとエックハルトはいずれも、「創世記」のはじめの箇所と「ヨハネによる福音書」を重点的に解釈した点で共通する。いずれも重要文献ばかりである。

テルトゥリアヌスの翻訳

・『キリスト教教父著作集14　テルトゥリアヌス2　護教論（アポロゲティクス）』鈴木一郎訳、教文館、一九八七年

テルトゥリアヌス自身は「愚かなるが故に我信ずる」という言葉をそのまま語ったわけではないが、そのもとになる言葉は『キリストの肉体について（*De carne Christi*）』の中にみられる。このテクストは本来、『キリスト教教父著作集15』の中に収録されるはずであったが、残念ながら現在も未刊である。

キリスト教史の入門書

・ジャン・ダニエルー『キリスト教史1　初代教会』上智大学中世思想研究所訳、平凡社、一九九六年

・H・I・マルー『キリスト教史2　教父時代』上智大学中世思想研究所訳、平凡社、一九九六年
キリスト教の歴史を知る上で基本文献の一つ。

ルーベンスの参考書

・クリスティン・ローゼ・ベルキン『リュベンス』高橋裕子訳、岩波書店、二〇〇三年
・ブルクハルト『ルーベンス回想』新井靖一訳、筑摩書房、二〇一二年
ルーベンスについては、その生涯と作品を一通り見通すことのできる上記の二点を挙げるにとどめておこう。

バッハの参考書

・フォルケル『バッハの生涯と芸術』柴田治三郎訳、岩波書店、一九八八年
・シュヴァイツァー『バッハ』上・中・下巻、浅井真男他訳、白水社、一九九五年
・磯山雅『バッハ＝魂のエヴァンゲリスト』講談社、二〇一〇年
バッハについてもここでは紙幅の都合上、代表的な文献をいくつか挙げるだけにとどめておこう。

終　章

「創世記」の翻訳

・『旧約聖書　創世記』関根正雄訳、岩波書店、一九六七年
長らく読み継がれてきた翻訳の一つ。これからも読み継がれることだろう。

哲学における悪の問題の参考書

・リチャード・J・バーンスタイン『根源悪の系譜――カントからアーレントまで』新装版、阿部ふく子他訳、法政大学出版局、二〇二一年
悪を主題に哲学者の系譜をたどったきわめてユニークな書。ヘーゲルにおける悪の問題に本格的に触れた貴重な研究書。

ヘーゲル論理学の翻訳

・G・W・F・ヘーゲル『G・W・F・ヘーゲル論理学講義　ベルリン大学1831年』牧野広義他訳、文理閣、二〇一〇年
・ヘーゲル『論理の学Ⅰ　存在論』山口祐弘訳、作品社、二〇一二年
・ヘーゲル『論理の学Ⅱ　本質論』山口祐弘訳、作品社、二〇一三年
・ヘーゲル『論理の学Ⅲ　概念論』山口祐弘訳、作品社、二〇一三年
・『ヘーゲル全集第10巻1　『論理学』客観的論理学——存在論』久保陽一監訳、知泉書館、二〇二〇年
・『ヘーゲル全集第10巻2　『論理学』客観的論理学——本質論』久保陽一監訳、知泉書館、二〇二一年

ヘーゲルの『大論理学』はここ最近二種類の翻訳が刊行され、平易な日本語で読めるようになったことは大いに歓迎すべきである。知泉書館版の「概念論」および「存在論」第二版の刊行がまたれる。

ヘーゲル論理学の参考書その1

・廣末渉他編『講座ドイツ観念論第5巻　ヘーゲル——時代との対話』弘文堂、一九九〇年
専門性が高いため、大学図書館でないと見つからないかもしれないが、どの論考も重要なものばかりであり、一読すべきものといえる。

ヘーゲル論理学の参考書その2

・海老沢善一『ヘーゲル『大論理学』』晃洋書房、二〇一四年
・海老沢善一『ヘーゲル論理学と弁証法』梓出版社、二〇一六年
・海老沢善一『対話　ヘーゲル『大論理学』――存在の旅へ』梓出版社、二〇一六年

ヘーゲル論理学の優れた研究者の手になるもので、いずれも平易な語り口でありながら急所を突いていることには驚かされるばかりである。

ヘーゲル論理学の参考書その3

・『加藤尚武著作集第1巻　ヘーゲル哲学のなりたち』未來社、二〇一七年
・『加藤尚武著作集第2巻　ヘーゲルの思考法』未來社、二〇一八年
・『加藤尚武著作集第4巻　よみがえるヘーゲル哲学』未來社、二〇一八年
・『加藤尚武著作集第5巻　ヘーゲル哲学の隠れた位相』未來社、二〇一九年

ヘーゲル研究を長年にわたって牽引してきた第一人者の歩みが収められたもの。複雑な思想を平易な言葉で解きほぐす手腕の見事さは常に見本であり続けるだろう。

ヘーゲル論理学の参考書その4

・山口祐弘『ロゴスと存在――ヘーゲルの論理思想第1巻　存在の諸相』晃洋書房、二〇一九年

・山口祐弘『ロゴスと存在――ヘーゲルの論理思想第2巻　本質の自己反照』晃洋書房、二〇一九年
・山口祐弘『ロゴスと存在――ヘーゲルの論理思想第3巻　概念の主体性』晃洋書房、二〇一九年
作品社から翻訳も刊行している第一人者の手になるもの。『大論理学』全体にわたって隅々まで行き届いた解説がなされており、ヘーゲル論理学を読むにあたってすぐれた水先案内人であり続けるだろう。

おわりに

哲学とは、ものごとの真理を探究する営みである。そうだとすれば、ものごとがまさにそうであるという必然性こそ、哲学において探し求められるはずであろう。けれども、そうした探求を一冊の本のかたちにまとめるということや、そのような本を一定の相手に向けて書き下ろすということもまた、思いがけない機会によって生じるのである。本書もまたその例外ではない。そうであるのだから、まずは本書がなるきっかけについて述べることにしよう。

本書は、二〇二〇年度後期に福島大学の基盤教育で行った講義「哲学Ⅱ」をもとにしつつ、二〇二二年度前期に千葉大学文学部で行った講義「近世近代哲学講義c」に加筆・修正したものである。もともと福島大学での講義についてては、シラバスを作成した段階では、書籍にすることを全く想定していなかった。ところが二〇二〇年六月に思いがけず、ミネルヴァ書房の水野安奈氏から一通の手紙を受け取った。福島大学のホームページで公開されている「哲学Ⅱ」のシラバスを見たとのことで、人文学以外を専門的に学ぶことになるさまざまな学生を対象にするかたちで、〈哲学すること〉への手引となるような本を書いてほしい、との依頼であった。折しも縁に恵まれて、二〇二〇年四月からNH

K文化センター仙台教室で『ヘーゲル『精神現象学』を読む』と題した市民講座を開始したことも手伝い、二〇二〇年度後期の講義については、近代的な自己意識の問題を、家族や社会や国家などのそれぞれの領域から光を当てようという構想を立てていたところであった。

福島大学の講義は基本的に学部一年生を主な対象とする性格上、ヘーゲルの『精神現象学』そのものを取り上げることはしないつもりでいた。実際、それまでの講義では近代哲学を取り上げる場合、デカルトやカントなどを取り上げることがあっても、ヘーゲルについては質問が出た際に軽く触れるにとどめていた。ところが講義での話を一冊の本にまとめるとなると、どうしても同書を取り上げないわけにはいかない。そうでなければ、議論が片手落ちとなってしまうのである。そのため他の講義の場合と比べて、こちらに要求されるものは遥かに高いものとなった。その際、同年春からの新型コロナウイルス感染症の世界的流行を受けて、各大学のオンライン授業が実施されるという事態が思いがけず有利にはたらいた。というのも、通常の対面での場合とは異なり、講義資料は口頭での補足をあまり想定せず、ある程度完成した文章であるほうがよいからである。

また千葉大学では、文学部で哲学を専門とする学生を対象に専門的な講義を行う機会を得たことにより、本書が哲学、それも近代ドイツ哲学を専門的に学ぼうとする学部生や大学院生のための手引となるよう、手を加える機会にも恵まれた。近代ドイツ哲学についていえば、すぐれた研究書や論文は国内でも以前から非常に豊富であるが、それに対して、哲学史や各著作の解説以外の体裁での入門書はそう多いとはいえないのが実情である。幸い、同世代の若手研究者の手になるものがここ最近出はじめており、今後状況は一層改善されることが見込まれる。本書もその一助となれば、というのが著者のささやかな願いである。

思索するとは感謝することである（Denken ist Danken）とは、筆者が最初の単著の「あとがき」で述べたことであった。二番目の単著となる本書でも、感謝を述べることがふさわしいだろう。

まず飯泉佑介氏（日本学術振興会）と川島彬氏（日本学術振興会）には、草稿の段階で本書に目を通してもらった。両氏からの感想や的確なコメントがいくらかでも反映されていればと願うばかりである。

またかつて福島大学で筆者の講義を留学生として聴講していた徐蔚然氏（中国・北京在住）にも感謝を述べたい。徐氏は大変熱心な学び手で、講義が終わるとよく熱心に質問してくれた。『精神現象学』をはじめとしてヘーゲル哲学に興味を示していたにもかかわらず、講義の時期にはすでに就職していたため、直接講義を聞いてもらうことが出来なかったことが大変心残りである。さらに、千葉大学での講義の機会を与えてくださった山田圭一教授（千葉大学）にも感謝を述べたい。ドイツ観念論について存分に語ってほしいとの寛大さのおかげで、カントやフィヒテも含めて、近代ドイツ哲学における自己意識概念の見直しをより幅広い射程から考察することが可能となった。また福島大学と千葉大学で熱心に参加してくれた学生の皆さんにもここで感謝を述べたい。いずれもオンラインでの実施のため、直接顔を合わせて議論をすることは叶わなかったが、毎回のコメントペーパーで感想や質問を率直に寄せてくれたおかげで、何が本当に問題となっているのかを改めて見直すことができた。そして最後に、本書執筆の機会を与えてくれたミネルヴァ書房の水野安奈氏と長田亜里沙氏にも感謝を述べたい。こちらの希望を寛大に受け入れてくれたおかげで、大変自由に執筆を進めることが可能となった。

なお本書がなるに当たっては、日本学術振興会科学研究費補助金の若手研究（課題番号：22K12955）の支援を受けていることをここに記しておく。

二〇二三年一月末　仙台にて

嶺岸佑亮

な　行

は　行

ま　行

や　行

ら　行

た　行

索　引
（＊は人名）

《著者紹介》

嶺岸佑亮（みねぎし・ゆうすけ）

1985年　宮城県生まれ。
2008年　東北大学文学部卒業。
2010年　東北大学大学院文学研究科博士課程前期修了。
2015年　東北大学大学院文学研究科博士課程後期修了。
現　在　東北大学大学院文学研究科助教。
主　著　『ヘーゲル　主体性の哲学――〈自己であること〉の本質への問い』東北大学出版会，2018年。
『見ることに言葉はいるのか――ドイツ認識論史への試み』（共著），弘前大学出版会，2023年。

自己意識の哲学
――私が私であることとは――

2023年10月20日　初版第1刷発行　〈検印省略〉

定価はカバーに
表示しています

著　者　嶺岸佑亮
発行者　杉田啓三
印刷者　坂本喜杏

発行所　株式会社　ミネルヴァ書房
607-8494　京都市山科区日ノ岡堤谷町1
電話代表（075）581-5191
振替口座 01020-0-8076

冨山房インターナショナル・坂井製本

ISBN 978-4-623-09598-8
Printed in Japan